人大重阳金融研究书系

Development and Future of Eco-Finance

生态金融的发展与未来

陈雨露◎主编

人民出版社

目　　录

第一篇　总　论

第二篇　生态金融的模式创新

第三篇　政府在生态金融中的作用

第四篇　金融机构在生态金融产品创新中的作用

第五篇　生态金融的实现路径

第一篇

总　论

借生态文明建设促金融体系升级转型

陈 雨 露*

党的十八大报告明确提出，“把生态文明建设放在突出地位，融入到经济建设、政治建设、文化建设、社会建设的各方面和全过程”，并将生态文明建设提到前所未有的战略高度，金融应该在生态文明这个伟大的建设中发挥作用。目前，国内金融监管部门已经要求金融机构限制对高污染、高耗能行业企业的信贷融资支持，并推出针对节能环保产业的投融资支持措施。部分银行积极践行赤道原则①，对项目融资中的环境和社会问题尽到审慎性核查义务。但这距离生态文明建设，尤其是与目前新型城镇化建设大背景下推进生态文明的内在要求，有很大的距离。

首先，我们必须从逻辑上厘清生态与金融的价值联系，否则生态文明建设的顶层设计将无法深入下去，并只能停留在器的工具层面，而非道的价值层面。就本质而言，生态保护的行为主体追求公益，而金融的行为主体则是趋于逐利。只有让这两类原本相悖的价值理念融合在一起，生态金融的研究与推进才有希望。因此，只有在生态文明建设的大框架下，出台囊括生态文明的金融改革方案，才能使金融服

* 陈雨露：中国人民大学校长、中国人民银行货币政策委员会委员、中国人民大学重阳金融研究院联席理事长、中国人民大学生态金融研究中心理事长。

① 赤道原则，财务金融术语，是一套非强制的自愿性准则，用以决定、衡量以及管理社会及环境风险，以进行专案融资或信用紧缩的管理。

务于公众利益。所以，我们必须设计合理的市场机制，协调好金融与生态文明产业之间的结构性关系，从而促使整个国家的经济结构转变升级。

生态金融是一种创新模式，可以有效解决城镇化生态建设中资金瓶颈的难题，既可以切实解决用钱的燃眉之急，也可以在长期达到可持续发展的效果。构筑生态建设的金融改革方案和制度方案有很强的可操作性，比如发行生态建设债券与生态基金，建立生态环保银行或金融机构等。特别是当前互联网金融兴起，可以考虑以互联网金融模式开展生态众筹、私募等融资活动。通过在金融产品和工具上的创新，带动机制的构建和完善，并通过这些可行的方案达到资源合理配置的目的。

其次，良好的市场可以为生态建设的资金流动开拓新的天地。民间公益生态项目可以不仅仅限于直接的环保行为，还可以致力于发展公益生态金融项目，号召企业家为生态保护慷慨解囊，吸收社会资金，提供具有创新性的生态金融服务。吸纳私人资本进行环保投资可以充分调动市场的力量，建立资金保障机制，用金融来服务新型城镇化的生态建设。同时，由于生态建设涉及市场化，这就要求在生态建设的过程中加强监督，并健全相关法律法规。

最后，国外发展生态金融的成功经验值得我们吸纳。世界银行国际金融公司开展过节能减排项目，德国法兰克福成立过生态银行，以及清洁发展机制（Clean Development Mechanism，以下简称CDM）[①] 等其他类似的项目都产生过不错的影响。中国也可以积极探索这些模式在本土是否可行，或是以此为鉴，发展创新的模式以吸引更多国外的

① 清洁发展机制，是根据《京都议定书》第十二条建立的发达国家与发展中国家合作减排温室气体的灵活机制。它允许工业化国家的投资者在发展中国家实施有利于发展中国家可持续发展的减排项目，从而减少温室气体排放量，以履行发展中国家在《京都议定书》中所承诺的限排或减排义务。

资源和专家为中国城镇化生态建设出力。此外，国外已经出现了相应的生态金融行业准则和交易方式，形成并深化了节能减排约束机制，这些都值得我们去研究并选择性地运用于新型城镇化建设中。

中国人民大学生态金融研究中心，作为国内第一家生态金融智库，必将在中国人民大学重阳金融研究院的日常经营与管理下成为高层次、高水准的思想交流平台。集思广益，让中外专家为中国金融体系的绿色转型献言献策。

问渠哪得清如许，为有源头活水来！这活水既是市场的资金，顺着生态金融体系的渠，流向生态文明企业的价值洼地；这活水也是具有创新思维的睿思，通过思想交流平台，流向虚怀若谷的决策者心中。

生态金融国际合作会带来更好的利益

霍斯特·克勒*

生态金融如何能够在解决人类所面临的问题、在环境产生的影响上作出贡献，这是非常重要的话题。据我所知，中国人民大学生态金融研究中心是中国第一个关于生态金融发展的研究中心，这个研究中心的创立确实是非常重要的，也是开创性的。

我们德国人非常热爱以和平为本的国际合作，既要有独立的主权来实现共同的目标，也要进一步打造一种人类各个民族能够共同发展、和谐发展的路径。从政治角度来说，德国是首批实现多党制并尊重和平的国家之一，德国公众严格遵守各种交通秩序，也笃信工业的发展要注重环保。德国不仅能生产高质量的汽车，而且在绿色能源利用方面也走在前列。我们未来的愿景就是，要转换经济增长的模式，实现绿色的、与自然和谐相处的经济增长模式。

德国还吸取了其他教训，要把东德的计划经济现代化，需要把对环境造成影响的企业进行优化。德国已经把核能排除在外，探索利用更多的清洁能源，比如说风能、水能还有地热能等等。若市场经济的定价过程中没有考虑到环境问题，当生产过程中存在污染，就会造成整个社会福利的损失，这就是市场定价的成本。既然有了价格，对客户来说不仅仅需要智能电网，还需要一个把这些负担进行良好分配的

---

* 霍斯特·克勒：德国第九任总统、国际货币基金组织前总裁。

智能方案，这样就会使工业变得更加强大。

清洁能源可以节省很多成本，比如说可以清洁并且修复环境，可以给人们带来健康。环保产品可以在全世界进行销售，德国想要解决的问题在全世界都存在。2010 年上海世博会给我的最深刻印象是中国也在努力地发展清洁能源和技术，世博会的口号就是“让生活更美好”。环境、经济、社会和政治都是相互联系的，如果某一方面做得不好，就会有糟糕的结果。德国推进清洁能源需要创新，要在全世界推进清洁的技术。

许多挑战不仅仅是一个国家在面对，还需要进行国际间的合作，以寻求新的解决方案，就像气候变化一样，是整个人类的挑战。不仅仅是生态系统，整个地球也通过媒体、商业和政治紧密地联系在一起，地球一端的情况会影响到另一端，不管是强国还是弱国。在当代，所有的国家都可以监督对方并被对方监督，我们的福祉和苦难迟早都会影响到我们自己。不管今天还是未来，从长期来看都不能忽视我们需要其他人和其他国家的帮助，所以在 21 世纪，污染和环保问题已经不再是道德的问题，而是整个人类社会的生存问题。

预计到 2030 年，地球将会有 30%的水资源、40%的能源以及 50%的食物被消耗掉；2050 年，全世界人口会达到 150 亿，其中非洲人口会达到 20 亿。如果不解决这些问题的话，那么更多的人会生活在贫困当中，地球的生态系统将会崩溃，所以现在就需要变革，不管是经济、生态还是政治，都需要变革。要使这种变革成为可能，就要有正确的方向，就要共同努力。这就是联合国制定千年发展目标的意义。2015 年 9 月在纽约联合国总部，各国领导人将聚首议事，探索一个包容性的、可持续发展模式的大会。到时他们将讨论气候变化、国际贸易以及可持续发展、金融等问题。在这方面，2015 年对地球的未来是非常关键的一年，我深信如此。

实际上，2015 年这次会议的议程具有历史决定性意义，它是 21

世纪的决定性一步，我希望各国领导人 2015 年 9 月在联合国开会时利用这个机会，把一个新的结构和新的世界体系带给人民。

我想给大家多介绍一些会议议程的问题，因为我在 2013 年也参与到了这些讨论中。

2012 年联合国秘书长潘基文举办了一个小组会议，聚集了世界上 27 个国家的领导人，也包括了中国的领导人，讨论 2015 年之后的构架建议。2015 年是联合国千年发展目标实现的时间，这是 2000 年 198 个国家明确作出的千年发展宣言的承诺，中国也签署了千年发展宣言。千年发展目标有 8 个，从减少贫困到防治艾滋病，再到教育的普及等等，都要在 2015 年实现。他们还建立了一个蓝图，把世界所有领导人和所有国家联系起来共同努力，强化共同力量，满足全世界穷人的需要，使他们脱贫。在这个方面，我们需要付出更大的努力来取得更大的成功，不仅仅是中华人民共和国的人民，亚洲的人民，全世界的人民也都是如此。过去的 20 年，中国使几亿农民脱贫。可是我们仍然面临新的挑战，因为现在经济增长的模式不是可持续的。所以我们不仅仅要实现千年发展目标，而且要扩大合作范围，把人类的可持续发展结合起来，我们需要一个新的议程来改善人民的生活，来保护地球。我们的任务就是制订一个大胆却现实的计划，来指导 2016 年及未来世界的发展方向。

2013 年 5 月，我们讨论了这些问题，在一个关键点上达成了一致，那就是极端的贫困是可以消除的，中国已经证明了这一点是可能的。我们意识到，这需要更加强大的经济和社会影响力，要影响到全世界，不仅仅是南方国家和北方国家，东方国家和西方国家都可以影响到。2015 年以后的发展计划必须是全世界的议程，也就是说要为所有国家确定一个目标，不仅仅是给发展中国家定目标，对德国、美国和其他发达国家也需要定这样的目标。为了实现这个目标，我们有五个转化，必须从政治方面实现，不仅仅是每个国家，全世界都应该这么做。

下面简单地介绍这五个主要的转化：

第一，一个都不能少，利益要兼顾所有的人。全世界所有的人，不管他们的宗教信仰、种族背景以及社会地位如何，只要他们是地球上的人，是我们共同的人类，就不能让任何一个人落在后面。

第二，把可持续发展作为政治的中心。一直以来，政治家们总在谈论可持续发展，但是没有任何一个国家已经实现可持续的生产和消费。所有的个人和国家都应为可持续发展努力。当人类都达到中产阶级消费水平时，需要另一个地球的资源作为后备来支持目前的消费方式。所以要改变消费模式以及经济习惯。发达国家具有可信赖的领导力，将消费习惯与能源消耗系统进行改变，从而实现可持续发展。发达国家也应该支持发展中国家发展新的环保技术，也就是技术转让。因此，发达国家在未来实现经济可持续发展方面负有更大的责任。

第三，创造就业机会。我们拒绝不创造就业机会的经济发展。预计到 2030 年，全世界将增加 4.7 亿的就业人口，大部分来自非洲和亚洲，这会使劳工市场发生拥堵。因此，需要有更多的就业机会来帮助这些劳动人口和他们的家人。要提高他们的生活质量，使发展中国家达到更高的水平，这样才能打造稳定的市场环境。

第四，打造和平、有效开放并且具备问责制的机构。减少暴力、获得自由是基本人权，许多国家呼吁政府要更加透明，更加负责地对待其人民，要公正和公平，消除歧视。这是所有人的强大呼声和愿望。所有的发展目标必须要有自由的保障才能实现，而且发展是非常重要的。

第五，打造一个新的国际伙伴关系。这是一种新的政治生活方式，给世界政治打造一种新的精神，带来公平、公正与独立，使全世界的人都自由和独立。不管是强国还是弱国，穷人还是富人，大家都需要互利帮助、团结合作、相互担负责任。为实现这种新的合作关系，需要在国际上打造一种共同的理念和道德标准。在国际上，要“己所不欲，勿施于人”，要以对待自己的方式来对待他人，这样大家会有一个希望，有一个国际合作的共同基础。大家可以和平共处，可以从孔子的理论中找到共同的理论，中国博大精深的文化也有相关论述。不管怎样，合作的天堂会让全世界受益，可以满足人们具体的需要。各国必须通过更进一步地努力来满足人民的需要，并最终理解和追求国家利益，为积累新的国际合作经验作出贡献。因此，新的精神能够带来更多的利益。

国际组织、科学界等社会各界都要作出自己的贡献，比如碳税方面。要清醒地意识到，实现国际合作是国家的责任。要把相互联系的世界打造得更好，但国际合作必须是从下向上的机制。在进行国际合作的时候要听取人民的意见，从下到上才能形成良好的合作，所有人必须这么做。只有通过这种方式才能实现节能环保，才能实现日常的能源高效利用。同时将这种能源和自然资源的高效利用贯穿到日常生活当中，例如不要浪费粮食。要实现高质量的生活不仅要消耗更多的材料和物质，也必须诚实地看一下，我们的习惯会给全球造成什么影响。大家都要参与到国际对话和价值观的形成上，打造互信，让人们之间可以形成一种理念，进行相互的学习，学习他人的重大关切，并且询问他人需要什么，这不仅帮助理解他人，也帮助理解自己，从而更好地了解自己。

刚才提到的新的发展议程将在 2015 年 9 月的国际会议中讨论，并将签署相关协议。联合国秘书长潘基文在 2014 年 12 月提供了一个报告，作为国际发展议程的基础。我们必须提三点：第一，政府现在必须解决问题，不是明天或后天，而是今天就要采取行动。他们不仅仅是坐飞机到纽约去开会。第二，任何新的可持续发展都需要协调，不仅仅是金融、教育、文化以及能源方面的合作，其他方面的合作也是需要的。当地政府、公民社会和私营部门、学术界也需要合作。第三，金融发展、气候变化以及贸易应该同时在2015年进行讨论。必须认识到一个方案可能会影响其他方案。

2015年是进一步推动和平、环境可持续发展的一年，也是我们进一步促进繁荣的一年。让我们一起努力，共同参与到这一过程当中。

对生态金融的四点建议

潘 功 胜*

几十年的经济快速发展，使我们在环境问题上付出了沉重的代价，资源约束趋紧，环境污染严重，生态系统退化，资源和生态环境的承载能力已趋极限，未来需要支付巨额的环境修复成本。

环境问题已成为制约中国经济可持续发展的重要约束条件之一，而且其严重的程度已远远超越经济范畴，危及人民的健康和生命安全。人民群众对改善生态环境的期待越来越强烈，对清新空气、洁净水源、宜人气候、优美环境的需求越来越迫切。2014 年 APEC 会议期间的蓝天白云给我们留下了美好的记忆，那几天百姓真实的喜悦反映的是百姓迫切的渴望和需求。加强生态环境保护，建设美丽中国，不仅仅是国家的发展战略，更是与我们每个人的切身利益密切相关，已经成为全民共识。

金融作为一种市场化的制度安排，在促进环境保护和生态建设方面具有十分重要的作用。事实上，金融业已经介入了环境保护和生态建设的各个领域，两者融合的广度和深度不断拓展。从国际上看，国际金融公司提出的赤道原则得到了国际银行业的广泛认同，排污权交易市场、碳排放权交易市场、碳金融市场发展迅猛，绿色债券、绿色证券、环境基金等创新型金融产品大量涌现。

---

* 潘功胜：中国人民银行副行长、中国金融学会副会长。

中国的金融政策在绿色金融方面的认知和探索是一个渐进的过程，很难超越中国经济社会的发展进程。

21 世纪初之后，配合国家产业政策的变化，中国的金融政策逐渐对一些高污染、高耗能产业采取了限制性政策，通过总量控制、行业限贷和环保“一票否决制”等手段，限制污染性产业的贷款与投资，支持节能减排和淘汰落后产能。人民银行还将环保部门的行政执法信息纳入银行信贷征信系统，作为银行进行信贷决策时的重要评估因素。同时，人民银行等部门积极探索绿色债券、市场化碳排放机制等正向激励的绿色金融政策。

当前，我国加强环境治理和生态保护的决心和力度前所未有。这对生态金融的研究和实践提出了更高的要求，也提供了广阔的发展空间。为此，我愿提出以下几点建议。

第一，加强基础研究。生态金融是一个重大的实践问题，也是一个新兴的研究领域，具有较强的理论性、政策性。希望政策制定部门、学术机构加强合作研究，为金融支持环境保护和生态建设提供更有针对性的指导。人民银行也非常重视这项工作。前期，人民银行研究局与联合国环境署可持续金融项目联合发起成立了一个绿色金融工作小组。在人民银行研究局首席经济学家马骏博士的带领下，多个机构共同参与，完成了一份研究报告。应该说，这是一份我国在生态金融政策的研究方面较为完整、质量较高的报告。

第二，健全金融市场机制和金融政策体系。探索建立市场化的减排机制，推动国内排污权交易市场、碳排放交易市场和碳金融市场发展，形成“增排有成本，减排有鼓励，减排投融资有回报”的市场运行机制。在政策层面，要继续完善限制性的金融政策，严格控制对高污染、高能耗行业的资金投入，同时要进一步建立健全正向激励金融政策，更好地激励和引导金融机构和企业参与绿色金融和绿色产业的发展。

第三，完善相关配套机制。政府在加大财政资金直接投入的同时，要综合运用税收优惠、财政贴息、风险补偿等手段，引导更多资本进入环境保护领域。要继续深化资源能源价格改革，改进生态建设项目的收益性和现金流，提高金融支持生态建设的可持续性。要加快建立有效约束开发行为和促进绿色发展、循环发展、低碳发展的生态文明法律制度，强化经济主体的环境保护法律责任，拓宽生态金融的市场空间。

第四，深化国际交流合作。应对气候变化、治理大气污染、降低碳排放等环境保护问题都是重大的国际议题。同时，发达经济体在生态金融领域起步较早，积累了不少成功的经验和做法。我们应通过各种形式的交流与合作，吸纳国际生态金融的最佳实践。

人民银行将与国内外金融界、学术机构、政策咨询机构一起，着力推进中国生态金融理念的推广、生态金融政策的建立、生态金融实践的扩展与进步。

绿色金融打造低碳未来

马丁·李斯*

我并不是经济学家，我的话题可能并不能被接受，但无论如何我会表达自己的观点。中国人民大学重阳金融研究院是一个非常重要的研究机构，我非常高兴我们又开始进一步将环境问题和金融问题整合到一起，因为这个问题是威胁人类发展的重要议题之一。在我所生活的世界，我们正在进行两个好像没有任何关联度的讨论，一个讨论是如何能更好地管理经济，促进经济增长，摆脱危机，有很多金融专家和经济学家都在沟通和讨论如何解决经济问题；而第二个讨论呢，是在其他的研究机构进行的，由另外一群专家和学者沟通和讨论，他们正在努力为全球生态和环境所面临的潜在灾难和巨大挑战寻找解决方案。现在我们面临的悲剧就是进行这两种讨论的专家却没有任何联系。然而，人类的生存非常依赖我们协调的两个迫在眉睫的事情，第一个就是实现经济增长、提高全球人民的生活水平；第二个是如何保护一个可持续性的地球和一个稳定的气候。我将更加强调环境保护的问题，最后我会谈到“生态金融”理念。

我们知道中国面临巨大的挑战，潘功胜行长进一步提醒了我们，土壤、水、空气和食品安全都与一个简单的事实相关。尽管没有这样一种理论，但是中国在之前的实践中采取了“先发展经济后治理环

---

* 马丁·李斯：罗马俱乐部前秘书长、联合国前助理秘书长、人大重阳外籍高级研究员。

境”的政策。刚才潘行长提到，由于践行了这样一条发展的路径，中国将会付出巨大的代价。我们不要重蹈覆辙，因为如果生态环境遭到破坏，其危害将远远大于我们发展经济所带来的进步。

克勒总统也进一步提出了气候变化给我们带来的巨大挑战。我非常荣幸能够和中国政府展开合作，自 20 世纪 80 年代就开始了合作，我记得当时中国也出台了相关政策，就是保护环境和发展经济等等，到现在为止这方面的政策也在演变，演变的速度很快，但政策的演变往往跟不上实际情况的变化。1990 年 10 月的时候，我们在中国召开了第一个关于保护环境和经济增长的会议，我们把两个主题整合在一起。1992 年时，国务院决定进一步建立中国环境与发展国际合作委员会，这样可以进一步为中国领导人提供建议，包括为国家主席和总理等高级领导献言建策，帮助他们在保护宜居环境的同时促进经济增长。当时我参与到中国第十个五年规划的制订，我与国家发展和改革委员会进一步讨论如何将环境保护方面的考虑融入到整个投资的决策中和经济发展中。如果不这样做，当谈到持续发展的战略时，只是纸上谈兵，并没有把可持续发展战略做到实处。在这方面中国取得了令人钦佩的巨大发展，我希望中国的发展能持续下去。

我要解说几个词，我觉得对我和克勒总统来说是非常重要的问题，就是气候变化的问题，我们看到了两个讨论，一个是经济发展，一个是环境保护。气候变化科学被误会了，只有小范围的一群专家才了解这个科学领域。现在关于气候变化的科学结论非常清楚地表明，气候变化的挑战和损害是非常令人担忧的。

我简单地介绍全球气候变化问题的情况。虽然我没时间详细介绍科学的问题，但我可以介绍相关的数字。自 1750 年的工业革命以来，气温上升了将近 0. 8 摄氏度，请牢记这个数据。全球面临的与气候变化相关的问题和危害都是气温上升了这么多所导致的。虽然没有任何科学依据或支持，我们的政府都认为如果整个气候变化的温度提升不超过 2 摄氏度的话，我们就是安全的，这就是国际谈判的目标。现在我们看到提升 0.8 摄氏度的后果已经令人担忧，所以超过 2 摄氏度的后果肯定是非常严重的。这两个数字指的是全球的平均气温。如果全球气温平均提升 2 摄氏度，那么在南极和北极气温至少会上升 4 摄氏度。现在政府间气候变化专门委员会认为，在 21 世纪末全球气温将平均上升 5—6 摄氏度，这意味着南极和北极的气温将上升 12 摄氏度。在这种情况下，我们没有办法保证一个可持续的环境，中国和全世界都将丢失所有的发展成就和进步。实现可持续的发展目标都取决于遏止这个情况的发生。

如果所有政府履行各自作出的关于气候变化的承诺，全球气温还将平均上升 4.5 摄氏度，这就是我们所面临问题的核心所在。另外，我们都知道全球气候变暖的挑战并不是一个逐渐变暖的过程。我们花了 20 年的时间讨论气候变暖，但我们并不能再花 20 年的时间讨论，因为气候变暖的过程其实是非线性的。虽然全球的政治领导们都认为这是一个线性过程。根据科学依据，我们对环境的危害将超越环境所能承担的极限，导致环境或许不能再恢复了。这会造成人类无法控制的灾难性气候变化的发生。我们所面临的风险不仅威胁到中国，还威胁着全世界。无论是政府规划者还是商务的规划者，任何理性的人一旦意识到这个巨大风险，都会采取行动避免它的发生，但现在我们还是按照常态向前发展，并没有采取任何措施。

在经济方面，我们的战略是到 2030 年 GDP 翻一番，这个根本就不可能发生，因为全球的生态和气候会遭受严重破坏，所以经济无法翻一番。那在政治方面，为什么不采取更多的措施呢？为什么政府间的谈判没有取得任何的进展？虽然人类很聪明，已经认识到这个风险威胁着所有人的未来，但 20 年的政府间谈判并没有取得任何进展。自 1990 年以来全球排放量提高了 60%，根本没有减少。我们并没有做正确的工作，没有采取正确的措施，主要的原因非常简单。现在有很多既得利益者并不想改变目前的经济制度。这并不是一个奢侈的学术议题，而是涉及权力和经济利益的问题，这就是谈判背后的根本问题。

克勒总统刚才还指出，公平公正的问题也是背后的根本问题，如果我们要想 2015 年在巴黎达成一个合约的话，必须要公平，必须要认识到贫困群体的需求，因为这些贫困群体受到了气候变化带来的最严重的影响，而并不只是导致气候变化问题的富裕群体将受到影响。我刚刚阐述的问题只是气候变化的几个方面而已。

我们现在面临的悲剧是什么？我们确实有方法可以解决这些问题，也可以做得更好。不用悲观，也不用沮丧，所有解决方案都已经存在，全世界所有国家、所有城市、所有社区，都通过努力来解决这些问题，也取得了不小的成果。其实我们现在也挑战着全球的经济秩序，也就是要打造一个包容性的低碳环境，一个可持续性的未来。我们可以做到，但我们却不想这样做。中国近年来发展得很快，我们也知道中国政府曾提出了建设小康社会的目标，要进一步把经济发展引向一个新的路径。所以，这并不是我们做不到的事情，而是我们需要努力实现的目标。正如邓小平同志曾经说过的，我们要实事求是，如果关注事实的话，我们很容易就能看到问题，而这种问题是我们所面临的威胁。

那么，这对生态金融意味着什么呢？如果我们要确保人类美好的未来，必须大力重建能源系统以及生产系统，改变消费的方式，这一切都是很困难的任务；如果不做的话就不能解决问题，因为气候变化其实就是经济运转模式的问题，所以我们要解决问题的根本。国际能源机构的数据显示，在利马和巴黎人们会讨论气候变化金融业，那就是用 100 亿或者是 1000 亿美元的资金来帮助发展中国家适应气候变化。其实这是一个非常小的资金额，国际能源机构指出，在 2050 年前我们要额外投资 44 万亿美元才能不使用石化燃料以及重建全球的能源系统。按照现在的常态模式，这是史无前例的。不使用化石能源将节省115万亿美元，这是足以抵消这个巨大的投资的。这两个巨大数字暴露了金融业面临挑战的规模之大。如此大的融资规模将需要政府和民间资金的明智组合，政府要提供一个透明的可预测的框架来促进这种新的可持续能源和再生能源的投资。现在那些污染者可以随便向空气中排放污染物，而不用付出任何代价，我们不允许向河里排污，却可以向空气排污。这种情况将停止，因为我们要给碳排放定价，中国这方面也走在了前列。我们现在要调整经济制度，回到一个可持续的、稳定的、前进的路上。在这方面我相信中国可以领导全世界。

我们谈到了一个非常重要的观点。目前，在欧洲的金融市场有搁浅资产的问题。如果现在给碳排放定价，那么很多资产就将失去价值了。国际能源组织做了一个简单的计算，现在全世界有2.8万亿吨碳储量，但如果我们要享有一个人类可生存的气候，我们只能烧不到5000亿吨的碳。这意味着主要的能源企业的金融资产将严重贬值，因为他们不能使用已探明的碳储量，因为那样会破坏地球。这是生态金融要解决的重大问题。最终，行动的成本是什么？延迟行动的成本是什么呢？采取行动成本很高，但等待的成本会更高。如果采取行动被延迟10年，可能会造成成本增加40%。但系统分析师都知道这并不重要，因为今天的问题是一个非线性的趋势，10年之后我们面临的问题或许会更加糟糕。

如果人类想生存，改革以碳能源为基础的经济体系非常关键，今天能源供应的78%来自化石燃料，这个情况是不可持续的。为解决这个问题，金融也是很重要的，但我们必须引导金融，使用金融解决问题，市场不会单独解决这个问题。最后我的感慨是，几年前为援救银行体系，政府筹集了8万亿美元的资金，但我们现在却找不到千亿美元的资金来救我们自己，让气候免受破坏。

推动生态金融　企业责无旁贷

何 巧 女*

我们当前面临的环境形势十分严峻。作为一家生态企业的负责人，我每天的心情也是沉重的。所以，2014 年 6 月，我们北京巧女公益基金会向中国人民大学进行捐赠，希望能够设立一家专门的生态金融研究智库项目，继续探讨“如何发挥金融杠杆手段推进生态治理”的政策研究。

中国人民大学是金融学科最好的学校，中国人民大学重阳金融研究院是目前中国最著名的新型智库，对决策层、国内舆论、国际社会都有很大的影响力，相信中国人民大学生态金融研究中心必定能在改善生态保护政策、提升生态治理水平等方面发挥重要作用。

说到治理污染，我们不应该失去信心。我们东方园林目前在做流域水污染治理和土壤污染的治理项目，尤其是在河湖水污染治理和水生态修复领域，东方园林目前是中国最大的公司。我们有一个技术平台，整合了在生态保护方面国内外最顶尖的技术。所以，我自己特别有信心，以我们现有的生态技术，不管污染多么严重，都是可以治理好的。但目前最难的问题是资金来源，据专家的初步估算，中国的河湖水污染综合治理需要 10 万亿人民币，土壤污染治理也需要 10 万亿人民币以上，两者相加需要 20 万亿人民币。由于中国地方政府的融

* 何巧女：北京东方园林股份有限公司董事长、北京巧女公益基金会理事长。

资平台受限，土地财政收缩，所以资金来源成为目前制约水治理和土壤修复的一大瓶颈。应该说，从顶层设计上去解决生态资金的来源问题迫在眉睫。换句话说，如果生态金融发展不起来，“我们向污染宣战”就会变成一句空话，美丽中国也会沦为泡影。

我自己有这些呼吁：

第一，呼吁政府考虑开征生态资源税或者从财政收入的增长中拿出一定比例的资金用于生态建设；第二，呼吁成立国家生态银行、国家生态产业发展基金，推出生态建设债券；第三，呼吁由国家开发银行、中国农业发展银行等政策性银行，设立生态专项贷款；第四，呼吁落实生态项目公私合作模式(Public Private Partnership，以下简称PPP)① 的框架体系；第五，呼吁推出生态资源交易所；第六，呼吁积极发展互联网生态金融事业；第七，呼吁成立以民营企业为主要股东的全牌照生态金融公司，因为这一代成功的企业家都是有家国情怀的，相信大家都会积极参与到这个伟大的事业中来。

东方园林作为生态治理领域的先行者和生态金融创新的试验田，不论哪项金融创新，该创新是大还是小，我们都愿积极参与，成为生态金融创新的一份力量。金融学者、环境学者、政府和企业也应四剑合璧，利用金融这根杠杆，撬动地球走上绿色发展之路。

中国水污染、土壤污染以及雾霾的肆虐已经让民众感受到了环境污染的重大困扰，拯救环境是每一个中国人愿意去参与的事情，碧水蓝天是我们每一个中国人每一天、每一个时刻都在盼望的画面。我们身边有很多朋友，因为环境恶化而移居海外。我经常说，十年后一定要让他们回来，因为那个时候碧水蓝天会重新回到中国!

---

① 公私合作模式，是公共基础设施的一种项目融资模式。在该模式下，鼓励私营企业与政府进行合作，参与公共基础设施的建设。

生态金融的实践重要性

拉尔夫·塞缪尔·托马斯*

要在全球和国家层面上实现可持续的、生态文明的战略目标，就需要有效的金融政策、机制、管理和技术。生态金融的出现，就是对这种需求的实际响应。此外，生态金融还能为有助于实现这一目标的项目提供融资。应对环境和气候变化的全面成功，取决于国务院提出的、作为国家级规划组成内容的相关公共政策倡议，以及通过外交取得的协调一致的国际应对措施的有效性。生态金融对于金融机构和其他信贷提供者可谓风险与机遇并存。生态金融在国家层面的作用，可以从信贷分配计划和激励措施影响企业行为的战略推动力的角度来考察。

一、全球生态金融战略

在国家层面上，一个集中的生态金融战略可以提供一个支点，从而以成功的环境响应为中心来推动。执行生态金融战略的相关项目必须精心挑选，并且符合该国国情。该战略必须反映每个国家的经济情况，以及人口和人类发展目标的影响。

项目实施必须获得相关机构适当的资金支持，明确信贷及其他风险和收益的数据、资产估值、资产证券化，以及资产、金融和其他机

* 拉尔夫·塞缪尔·托马斯：牙买加驻华使馆特命全权大使。

构的资金支持能力，还有基于借款人和项目的风险评级的差异化数据。

二、引发生态金融需求的因素

可再生能源新技术，废弃物管理和回收，关于智能建筑和智慧城市的大量先进技术，创造出新的需要专门融资的信贷需求。为了满足这种信贷需求，就产生了新的金融产品和资金来源。这个新兴金融领域就是生态金融。生态金融研究就是要寻求生态金融现象的更深入了解。生态金融这艘船的帆已经扬起，政府和机构必须以更大的紧迫感去给它鼓风，从而解决环境问题。这是公众政策的方向，也是公民的常识。

在探索生态金融的实际定义时，考虑到未来因素，会提出一些问题，例如，信用扩展的最终用途是什么？扩展信用的机构性质是什么？在金融机构的现状背景下，在当前的运营和监管环境下，生态金融在何种程度上会成为资金提供者的新领域？在金融部门不进行巨大的改革，如成立类似于绿色基金这样的专门机构，以及在现有金融机构的贷款项目中植入生态金融理念的情况下，生态金融的目标能否迅速实现？关于生态金融的争论，能否更侧重于探寻为新的环境友好型技术融资的获利机会，而不是就绿色生态的目标等理论问题坐而论道？是否应要求银行把重点放在借贷行为的可持续影响，如其贷款的生态影响？可否立法加强贷款人的法律责任，以促使资金提供者做好充分的尽职审查。或者像美国一样立法规定，当融资的项目破坏环境时，资金的提供者也要成为被告。

生态金融的增长将来自客户需求、公共政策举措和金融机构盈利贷款新来源的诱惑的驱动，而不是银行家致力于解决环境问题的愿望。然而，银行家必须考虑对整体经济的社会责任，从中获得利润，并把这一理念付诸社会行为，其中之一是积极寻求绿色工程并为之提供资金。当可持续的生态文明建设成为国家的优先考量，而且像在中国这样被视为一种发展的必然，那企业社会责任就成为一个关键的决策变量。

在审批和执行重大调整和太空规划，推行快速城镇化，调整产业结构以应对环境问题等方面，中国现在已经具备了这样的战略和金融资源。只有极少数国家才有实施如此变革的能力和机会。中国也具备机构能力，通过货币政策和法规，指导资金流入经济关键部门，从而为进行成功的生态金融干预打下了坚实基础。发展不能缺少必要的资本支持。但是中国必须发展相应的机构能力，以使资本投入到环保友好的经济领域。

所有国家和经济体都或多或少地受到环境恶化的威胁，必须有序地认识和应对这一挑战。这就势必要求这些国家的制造业重整生产过程，实现碳中和，减少原材料和能源消耗，减少或消除环境污染对动植物和人类产生不良影响的有毒废弃物和废水。这只有在调整他们的商业模式、获得资金支持融资时才能实现。

三、国家的作用和全球生态金融标准的建立

国家在生态金融中起什么作用呢？国家应该更积极、更直接地将绿色项目置于优先位置，并利用补贴方式给予资助；还是应该让市场力量来决定生态金融流动到不同的行业和项目。显然，必须有所取舍，以便各国在经济改革工作中协调生态金融的战略和政策。应当指出，全球各国对国家作用的定义是不同的，因此建立全球生态金融标准时应对此加以考虑。对于中国及其中国特色社会主义制度来说，国家在经济活动的各个领域都起着巨大作用。然而，目前的经济改革确立了市场力量决定金融成果的重要作用，所以这会对生态金融在中国的发展和成长产生正面或负面效应。

在对生态金融的全球现实意义进行评估时，在每个国家环境条件

不同的情况下，对生态金融的需求、价格因素和其他变量各异，应采取有区别的观点。在这个环境中，不可能所有国家适用同一套标准。但是，强烈建议将生态金融确定为每个国家应对气候变化的核心，在各国达到各自目标的同时，也为全人类实现更高水平的环境文明创造一个良好的集成平台。因此，生态金融具有重塑人与环境关系的能力，以及快速实现可持续发展的可能性。

四、工业化对生态金融的影响

对于中国这一全球最大的经济体之一来说，大家公认，工业化可以带来经济的快速增长，但是急速的工业化导致了严重的环境污染，这是不可持续的，短期和长期都必须进行调整。在国家的层面上，这要求将生态金融作为动态策略的一个要素，与改革连接起来，要重塑金融结构和商业模式，并根据在纠正负面情形中的、恰当的环境友好型行为响应实现优胜劣汰。有趣的是，对长期环境问题解决方案的探寻，已经对现有环境的进化提供了巨大动力，不仅有助于节约能源、减少废弃物，还能够自我维持，促进整体公众利益。

五、发展中国家的观点

对于小岛屿发展中国家①，比如牙买加这样的、位于拉丁美洲和

① 小岛屿发展中国家是指一些小型低海岸的国家。这些国家普遍遇到可持续发展的挑战，包括领土面积较小、日益增长的人口、有限的资金、对自然灾害的抵抗能力较弱和过分依赖国际贸易。它们的经济发展因为高额的通讯、能源、运输费用，过小的领土面积导致的昂贵的公共事务管理和基础设施数量少而被限制。

“小岛屿发展中国家”在 1992 年 6 月的联合国环境与发展会议上被定义为一个发展中国家集团。1994 年制定的巴巴多斯行动纲领旨在帮助小岛屿发展中国家实现可持续发展。“小岛屿发展中国家”里，只有新加坡被视为发达国家，其他国家都被视为发展中国家或最不发达国家。

加勒比地区的国家，作为世界上最著名的旅游目的地之一，牙买加以秀丽的自然景观和愉悦的文化体验著称。但在废弃物管理、供水和污水处理及高碳能源的依赖等方面存在环境不法行为。铝土矿开采已经在内陆农村留下了深深的、不可逆转的伤痕——铝土矿坑，铝的冶炼留下了许多有毒的泥水湖。由此可见，保护环境和创造发展之间的权衡是关键的政策议题，应该侧重于保护国家的自然风光，同时实现生态文明与发展。

六、气候变化风险和生态金融

工业化对发达国家和像中国这样的发展中国家的全面效应，如全球变暖等现象，将给他们自身及其他国家带来气候变化风险，这表现为异常的天气模式、海平面上升、洪水、山体滑坡、台风、海啸等自然灾害。这也引起了与气候变化相关的人口迁移和地方经济的混乱。上升的海平面对于许多小岛国是实实在在的威胁。小岛屿发展中国家虽然无法控制这些诱发因素，但也可以采取一些措施，如开展基础设施建设，以防止气候变化的最坏影响，从而减轻其影响。这些基础设施建设项目包括海堤、防洪堤、水坝、桥梁、替代能源工厂、下水道和废弃物管理系统，以及新建住宅以将居民安置到地势较高的地方。

因此，气候变化现象引起了新的融资需求，可以通过生态金融举措和创新性金融产品来提供。当跨国公司开展这样的项目，并对这些经济体投资时，也创造了碳交易信贷的机会。碳信用①可以换取经济利益或用作抵消在另一个位置产生的污染。但这也存在道德风险，对

① 碳信用，又称碳权，指在经过联合国或联合国认可的减排组织认证的条件下，国家或企业以增加能源使用效率、减少污染或减少开发等方式减少碳排放，因此得到可以进入碳交易市场的碳排放计量单位。

于有碳信用资格的绿色项目，如牙买加的威格顿风电场为电网生产替代能源，增加了碳信用购买方在其他国家继续对环境实施负面影响的诱因。

然而，碳信用交易有助于鼓励替代技术和研究的投资，最终有助于实现一个全球的整体解决方案。生态金融计划必须考虑到，建立碳信用体系对生态融资的可行性是有积极作用的，它能积极推动投资项目获得资金支持。

七、环境问题的输出

一般情况下，小岛屿发展中国家和一般的发展中国家努力吸引采矿业和工业投资，其后果是不经意间面临着输入气候变化危险的风险。重工业污染企业为了保持其原有的商业模式，而不是适应绿色新技术，会选择在这些小岛屿发展中国家找到安全的避风港。因此，这些污染行业的东道国必须禁止有毒工业迁移到上述脆弱经济体，并在加强境外投资企业社会责任方面发挥重要作用。

这是基于如下前提：污染从地球的某个角落转移到另一个角落，这是不可持续的战略，长远来看，由于全球气候变化机制，其后果也将在东道国内出现。当污染企业走向海外，在其项目投入运行之前，其投资应附有相关的环保技术来改善碳排放，使用可再生能源，修正产生污染和有毒废弃物的生产模式。全球变暖等气候变化的现象，就是国家与其环境在人类文明整体可持续发展上相互依赖的充分证据。生态金融可在企业通过革新技术来改善碳足迹和污染威胁。

八、一些关于生态金融的监管和能力建设的注意事项

（一）新的生态金融的国际协调机构

在国际论坛上，生态金融产业可以通过建立国际性机构来协调全球的生态金融政策和计划，通过提供宣传、培训、数据和为各国的生态金融项目进行众筹来获得发展。资金池将由通过生态金融认证的、承诺遵守一个全球性行为和责任准则的机构分配。该组织将通过协商和跟踪，按国家可衡量的目标，向成员组织报告发展进度。这个机构将倡导和推动绿色项目信贷和股权融资在全球的推广，提供国际认证和评估，力求让生态金融产品更加标准化，促进国际生态金融市场和交易平台发展，以让更多人参与新的和现有的生态金融相关证券交易。

（二）金融服务行业的能力建设

由于金融机构并非运行在真空中，而是受到严格的监管，因此，金融服务行业的金融监管体制必须进行检查和修改，以鼓励与生态金融相关的创新，如资产证券化、金融工具的分销和管理等。这种协调可能会带来更有效的市场，提升生态金融工具的全面运用。新兴的生态银行业的总体综合风险必须量化和管理，以规避风险过于集中。监管体系必须考虑对每个机构建立生态金融方面的累计限额，实施相关技术来规范资本配置，来保证机构达到资本充足率标准。当然，对机构的监管压力也会影响生态金融贷款的可得性和盈利性，必须采取特别措施以达到平衡，并尽可能地使融

资成本具有吸引力，从而让更多的借款人能够利用资金去做他们本来不能实施的项目。

（三）风险权重

监管机构应考虑按生态金融的不同形式分配适当的风险权重，这也将体现在改善性的资产定价和生态金融衍生品的交易中。风险权重和资本分配管理，是可用于加快或减慢机构推动生态金融贷款量的监管机制。比如当决定一个金融机构必须按其资产负债表的多少比例确定资本时，巴塞尔协议①将具有重要影响。这样的资本成本将会按比例加入贷款融资的成本中。

（四）金融市场条例

需要开发专门针对生态金融的金融市场条例。这些规则必能为机构在创新和开发新的金融基础工具、衍生工具、新交易时，提供竞争优势。为了提高此类证券在机构和私人投资者投资组合中的配置，此类证券必须经风险评级机构予以评级，作出相应安排，为市场提供流动性以支持交易活动。

（五）机构信贷与承销政策调整

在机构层面，金融机构必须调整信贷政策，并形成新的信用评估和风险管理能力；建立生态金融的具体机构，提高其证券化、分销和偿债的能力。这为成立支持这些债券或股权工具服务的新组织提供了机会。

---

① 巴塞尔协议是国际清算银行的巴塞尔银行业条例和监督委员会的常设委员会——“巴塞尔委员会”于1988年7月在瑞士的巴塞尔通过的“关于统一国际银行的资本计算和资本标准的协议”的简称。该协议第一次建立了一套完整的国际通用的、以加权方式衡量表内与表外风险的资本充足率标准，有效地扼制了与债务危机有关的国际风险。

（六）生态金融贷款起源

在做资金支持计划时，机构必须确定，生态金融项目的新增贷款是否满足企业的正常融资要求所需的现金流；在违约的情况下，抵押品是否能够清偿贷款本金。它还必须确定生态金融贷款是否能够增强公司的业务模式，提高其短期和长期的整体业绩和盈利能力。主要技术必须由经过专门培训的、了解项目的技术属性、能够确定项目和贷款的可行性和运行风险的贷款专家进行评估。

（七）风险投资

有必要建立新的、支持初创企业的风险投资机构，这样能使刚创立的、致力于环境保护的企业迅速成长。对基于项目的融资或者初创公司这样的高风险借款方，必须使用适用于生态融资的项目融资标准进行贷款评估，项目的基础现金流必须支持贷款，从而让贷款有足够的安全保障。

生态金融需要结合外部保证人和抵押品的新方法来对设备、知识产权和业务进行估值，这就必须保证在债务和股权融资之间实现平衡，以保证财务上的可行性。为了鼓励绿色生态领域的初创企业，可用“绿色保障计划”向借款人提供商业和项目风险担保，这样就允许更多的资金贷出，使更多的新公司得以成立和发展成功。生态金融可以通过资本形成、信用分配、信用扩张发挥更大作用，增加这个新公司不断涌现出的行业的 GDP。其影响将不仅体现在大公司的业务拓展和业绩提升，也会影响中小微企业。在许多发达国家，中小微企业的增长有助于 GDP 的快速增长，可以针对其特点由生态金融机构开发特殊的产品和项目。

总之，为了使生态金融实现其真正的潜力，以通过积极推动环保范式的变化来重塑景观，必须建立全球协调的应对机制，包括建立一个国际生态金融机构，以及增强地方金融机构发展的能力。这种变革必然伴随着制度变革和各国生态友好型金融管制的加强。新的金融工具和生态金融相关工具以及证券交易市场准入的扩大将是不可或缺的创新。这些措施将通过市场力量来解决生态金融的问题，但也需要由政府来掌控，帮助实现变革和转型。

在教室或开放平台传播科学研究，是加速新知识的获取，推动绿色技术的适应性，以及为生态金融的发展打好基础的理想方式。关于新技术的了解、使用、融资，及其对借款人和金融机构资产负债表、损益表的生态金融风险方面的人力资源培训，必须获得重视，需要充分的了解和管理。

第二篇

生态金融的模式创新

促进节能减排的多元化碳基金体系

王 遥 刘 倩*

融资是应对气候变化行动和生态文明建设的重要环节之一，发挥着不可或缺的保障作用。但由于市场失灵与公共政策失灵问题交织存在，解决我国应对气候变化、推动节能减排相关的融资需求存在复杂的障碍性因素。为实现我国应对气候变化目标，未来10年要填补每年超过2万亿元的资金缺口，必须要重构资金供给和运用体系，以规模化的融资和管理方式提高资金利用效率。其中，通过构建多元化的碳基金体系强化碳市场的价格激励作用，结合利用“公私合作”模式撬动私人部门资金，是当前促进节能减排的重要融资手段。

一、节能减排面临巨大资金缺口

国内机构研究显示，要实现2020年单位GDP二氧化碳排放较2005年水平降低40%—45%的应对气候变化的行动目标，中国2020年年度融资需求为27503亿元，（能源工业需求为11853亿元，节能需求为15650亿元），而目前每年的气候融资供给规模仅为5256亿元。以此计算，2020年年度缺口超过2万亿元，相当于2012年GDP的3.8%。

* 王遥：中央财经大学财经研究院气候与能源金融研究中心主任、研究员；
刘倩：中央财经大学财经研究院气候与能源金融研究中心副主任、副研究员。

造成巨大资金供应缺口的主要原因包括：一是现有政策设定和体制安排造成大规模资本介入面临较多的投资障碍；二是技术的多样性特征和应用领域分散造成的信息不对称；三是作为低碳技术大规模应用前提的基础设施投资成本高、风险大、周期长；四是应对气候变化政策安排不确定给私人资金进入造成的系统性风险；五是应对气候变化的适应活动产生的经济效益估值困难，对资金的吸引力不足。

二、政府和市场共同作用不容忽视

一方面要充分发挥政府的引导作用。与采取行政措施类似，公共资金的早期参与能够在一定程度上降低市场的风险预期，在实施本国的气候变化战略过程中发挥关键性作用。例如，政府以补贴或优惠资金形式投向基础设施和公用事业建设，可显著改善低碳经济发展的环境，降低私人投资的不确定性和风险性。同时政府补偿机制可以产生杠杆效果，或通过融资担保、补贴等形式吸引私人投资，或用直接出资的形式对私人投资的亏损进行补偿，平衡其风险与收益的关系，形成多种类型的 PPP 模式，促进私人投资的进入。

另一方面也要发挥市场的资源配置作用，通过金融体系体现碳排放权具有的商品属性，利用价格的信号传递功能，影响到企业的项目选择。例如，当碳市场配额分配采用拍卖形式时，要将拍卖资金有效地返回给控排企业，同时形成激励机制，促进低碳活动的开展；资金的分配主体应该具有良好的灵活性，提高资金使用效率；将资金分配与控排行业特征结合起来，平衡灵活性和公平性。

三、构建多元化的碳基金体系

（一）“国家—地方”公共碳基金

由于碳市场发展仍处于初级阶段，大量低碳领域的技术开发和应用尚未达到商业化阶段，相关低碳投资风险较高，因此必须注重发挥公共资金的示范和引导作用。

1. 建立或将已有国家扶持型基金转型为国家气候基金

国家气候基金可以混合多种资金来源，包括公共资金、私人资金、双边及多边资金来共同支持应对气候变化的行动，在国家层面将筹集到的资金更有效地、系统地运用于国家应对气候变化的行动，同时更好地协调气候变化利益相关者之间的关系。

2. 建立地方与国家合作的区域碳基金

在机制创新方面，区域性公共碳基金将发挥重大作用。国家气候基金可与各试点省份联合成立区域性碳基金，形成公共资金合作机制，通过转移支付、股权投资等方式构建“国家气候变化基金和多支区域碳基金并存”的格局。其中，国家气候基金可以充分发挥其引导作用，释放稳定的政策信号，确保国家低碳经济与气候变化目标的顺利完成，催化并加速绿色与低碳经济的发展。地方碳基金可以结合区域特点及其优先发展方向，建立符合地方特色的公私合作平台，确保公共资金可以在有效发挥政策效应同时降低其挤出效应，减少私人部门在同一领域的重复投资。

3. 设立周转碳基金

在国家气候基金和区域碳基金下，均可设立周转碳基金，为地方商业银行等投资者提供免息贷款。较高的投资风险预期及对低碳领域不熟悉是金融性资金不愿意投资低碳项目的根本原因。若能够获得具有专项支持作用的周转碳基金的支持，银行就能够向低碳项目提供低息贷款。随着该基金项目的实施，地方商业银行对于低碳项目的理解以及融资能力都得到了提高，周转基金也就可以逐步退出，地方银行也可以凭借逐渐积累的能力自行为上述项目提供贷款。

（二）“公共—私人”混合碳基金

1. 设立政府引导碳基金

在我国碳市场陆续使用拍卖手段有偿分配配额后，可从碳市场拍卖所得中提取一定比例资金，与私人资本共同成立碳金融引导基金。该基金作为连接碳市场与金融市场的主要渠道，充分发挥了公共资金的引导作用，引导社会资本进入低碳领域，成为碳金融市场发展的支点。

在减排和营利的双重目标下，制定相关投资策略和绩效指标，以达到在风险固定的条件下，追求减排效应和投资收益最大化的目标。在设计基金的投资组合及其他相关策略时，应结合基金自身的能力，对投资地域、行业、阶段进行有效决策。

2. 设立技术碳基金

由于普遍缺乏对现在和未来气候风险认识，从而导致政府支持不足，先进的减排技术转移发展经常面临资金障碍。减排技术在解决长期环境问题时可能面临的风险，在市场价格中并没有得到充分反映。这就意味着投资减排技术需要面临额外的风险，致使此类技术在利用市场机制寻找私人部门投资的过程中面临更大的困难。为此，建议设立专门的技术碳基金，主要发放优惠性、长期性、低利率贷款，致力于促进低碳技术的示范、应用和扩散。同时，作为引导类基金，该基金可引导其他公共部门或私人部门投资减排技术。

3. 设立行业碳基金

与引导碳基金和技术碳基金项目相比，行业碳基金的“行业性”体现在其资金投入的行业领域上，即为电力、煤炭、化工等高排放行业的节能减排提供资金支持，并根据特定行业的实际情况设计不同投资模式，从而在支持行业节能减排的同时，获得相对平均的投资回报。可考虑把高排放型行业的节能减排投资作为资金来源，在公共资金的支持下汇总产生规模效应，应用于行业内部的节能减排，既满足自身减排需要，又可以产生金融收益，一定程度上抵消企业因投资节能减排而产生的成本。

（三）私人碳基金

根据国际机构的研究，私人资本设立的私人基金的数量多于公共基金，且管理资金规模基本与公共资金持平，在相对成熟的国际碳市场中发挥着较为重要的作用。

与公共型和混合型碳基金相比，私人碳基金的投资标的基本相同，获取超额投资收益的经营目标使其采用的投资方式更为灵活，倾向于参与碳市场高利润领域的竞争甚至投机。私人碳基金作为竞争主体参与碳市场，能够显著提高市场活跃度，激发市场主体自我创新的能力。同时，作为完全的市场化主体，私人碳基金的参与有利于市场环境的成熟和监管机制的完善。

PPP 模式在环境保护中的运用

蓝　虹*

PPP 模式在环境保护中的运用分为三个层次：第一，环保项目融资层次；第二，环保产业层次；第三，环保区域或者流域层次。PPP 环保项目融资已经获得了广泛的推广，而 PPP 模式环保产业基金（包括单一产业和区域产业群）现在仍然在试点之中。不同的环保 PPP 模式，政府财政资金的介入程度是不同的。一般来说，对于有明显地域性质的环保 PPP 产业基金，政府会在资金筹集和投向等方面起主导作用。

一、PPP 模式环保项目融资

公私合作制（Public Private Partnership，以下简称 PPP），是指公共部门（通常是政府）与私营部门通过建立合作关系共同提供公共服务的运行机制。

PPP 模式项目融资的产生，是伴随着基础设施民营化的建设而发展的。环境保护领域的很多项目，都属于基础设施建设，最早的是污水处理厂。城市污水处理厂，最早是属于政府下属的事业单位，其建设和运营费用主要由政府财政支持。随着基础设施民营化浪潮，污

* 蓝虹：中国人民大学生态金融研究中心副主任、环境学院教授、博士生导师。

水处理厂建设转向通过招投标的方式，实现市场化、民营化。政府只是授予私人部门特许经营权，所有融资运营都由私人部门承担。因为这些环保基础设施都属于大型投资类项目，一个污水处理厂的投资经常高达十几亿元，所以需要采用项目融资方式，组建项目公司，专项管理项目投资资金并组织建设和运营，而投资回报也是基于项目本身产生的收益，与母公司没有关系，比如，污水处理厂主要是通过污水处理费来收回投资并获得利润。2002 年，原建设部颁布《关于加快市政公用行业市场化进程的意见》,开始在市政公用领域推行特许经营。此后，原建设部先后颁布了《市政公用事业特许经营管理办法》《关于加强市政公用事业监管的意见》和《特许经营协议示范文本》,为 PPP 模式在这一领域的应用铺平了道路。

目前，污水处理厂、垃圾焚烧发电厂采用的基本是 PPP 模式项目融资。但该模式的具体实施方法随时间的推移在不断变化。最初的 PPP 模式，政府只是将建设权承包出去，污水处理厂建设好后，移交给政府管理；但政府管理总是存在监管矛盾以及效率不高的问题，因为兼裁判员和运动员于一身。后来，政府只是招标选择并授予私人部门特许经营权，融资运营都交给私营部门。PPP 项目融资模式发展到现在，也出现一些地方政府投入财政资金参与污水处理厂或者垃圾焚烧发电厂的项目融资，政府作为公共部门与私营部门不仅仅是合同制的委托代理管理，还是真正的共同合作、风险共担、利益共享。这样的地方政府一般是中小城市地方政府，因为污水处理费和垃圾处理费都较低，运营利润普遍低于大城市，如果政府不介入，很难获得社会资本的支持。

中央和各级政府加大资金投入，鼓励推行 PPP 模式，极大地推动了城镇环境基础设施建设，城市生活污水处理厂数量由 2002 年的 537 座增加到 2012 年的 3340 座，污水处理率由 2002 年的 40.0%提高到 2012 年的 87.3%；垃圾无害化处理率由 2002 年的 54.2%提高到

2012 年的 84.8%，大中型城市基本做到了污水垃圾处理全覆盖。同时，由于实施了 PPP 模式，培育了一批专业化的环境服务公司，促进了环境技术创新，提升了环境基础设施的建设和管理水平。

但是，也存在一些急需解决的问题，其中最重要的就是环境服务价格缺乏调整机制。比如，有些地方污水处理服务价格，并未因国家提高污水排放标准而相应提高，也未考虑污泥处置成本，更未涉及污水处理设施的升级改造和更新维护，而是一味地要求运营企业自行承担由此而增加的运营成本，致使其财务不可持续。

二、PPP 模式环保产业基金

PPP 模式环保产业基金，是指财政资金参与市场的环境保护产业基金，扶持和引导其投向环境保护的企业和产业。根据原国家计委的《产业投资基金管理暂行办法》(以下简称《办法》)，产业投资基金是指一种对未上市企业进行股权投资和提供经营管理服务的利益共享、风险共担的集合投资制度，通过向投资者发行基金份额设立基金公司，由基金经理自任基金管理人或另行委托基金管理人管理基金资产，委托基金托管人托管基金资产，从事创业投资、企业重组投资和基础设施投资等实业投资。该《办法》同时规定，产业基金只能投资于未上市企业，其中投资于基金名称所体现的投资领域的比例不低于基金资产总值的 60%，投资过程中的闲散资金只能存于银行或用于购买国债、金融债券等有价证券。环保产业投资基金属于产业投资基金的范畴。国外并没有专门关于环保产业投资基金的概念，比较通用的说法是 “Green Venture Capital” 或 “Environmental - related VC”，即绿色风险投资。

结合产业投资基金的概念界定可知，环保产业投资基金是向环保产业的企业或项目提供投融资的一种新兴工具。通过发行基金份额或收益凭证，将投资者资金集中起来，为环保产品、技术研发及环保企业发展提供资金和管理支持，并在适当时机抽回资本，以获得资本增值。

在该基金的构成中，财政资金所占比例不高，所以，政府并不作为普通合伙人（General Partner，以下简称 GP）进入基金的管理机构，而只是作为有限合伙人（Limited Partner，以下简称 LP）。其原因在于，这种基金只能投资于未上市的企业，而且还是概念期的企业，这就极大地增加了投资风险。财政资金在其中主要发挥引导作用，扶持更多的风投资金投向环境保护相关产业。

中国很大部分的环保企业都属于没有上市的中小企业，特别是新型环保技术，很多都属于不成熟项目，对其投资具有较大的市场风险，银行等金融机构都不愿意提供贷款。启动资金的缺乏，经常是中国环保技术和环保产业无法发展的重要障碍。政府投入一些财政资金，引导市场建立更多的环境保护产业投资基金，就可以在一定程度上解决环保技术和环保企业启动资金缺乏的问题。但因为这种产业投资基金风险很大，财政资金进入后基本就要有被牺牲的准备，所以财政资金不适宜在基金中占较大份额，能起到引导的作用就可以了。

目前，中国已经试点的 PPP 模式环保产业基金是土壤修复产业基金。土壤修复行业真正开展是起始于 2012 年环境保护部等部门联合出台了《关于保障工业企业场地再开发利用环境安全的通知》，规定未经治理修复或者治理修复不符合相关标准的，不得用于居民住宅、学校、幼儿园、医院、养老场所等项目开发。土壤修复任务重，国内技术还不成熟，国外技术是否适应中国有待验证。在这种情况下，银行对土壤修复企业提供贷款存在极大风险，缺乏积极性。为了激励绿色风投投资于土壤修复行业，财政资金与风投资金共同组建土壤修复环境保护产业基金，就成为解决启动资金的有效手段。

三、PPP 模式区域或流域环境保护基金

PPP 模式的区域或流域环境保护基金，在国外已经运用，但在中国还在试点阶段。

以山东 PPP 模式云蒙湖水环境保护基金为例，这种基金实际上是把整个区域或者流域的环境保护作为一个大项目，里面分布的各种产业链作为子项目，各个产业链互相呼应，使原来并不赢利的环保项目，通过财政的加入，复合产业链的设计，使整个项目包的总收益达到可以吸引社会资本的水平。

我们针对云蒙湖的污染源主要是农业面源污染，设计出多个复合产业链来净化改善水质，同时获得收益。如污水处理产业链，包括污水处理厂、湿地，处理后的出水排入湿地，湿地不仅可以净化氨氮，而且还可以养泥鳅、种植莲藕，在进一步提高水质的同时，提高污水处理产业链的收益。再如有机林业替代蔬菜种植。蔬菜种植需要耗费大量水，退水因为含有化肥农药，成为云蒙湖的污染源，所以设计大型规模化的有机林业替代蔬菜种植，既解决化肥农药污染问题，还解决了农村生活垃圾和污水因为农民居住地分散导致收集和处理困难的问题。而大型有机林业，因为引入龙头企业的经营，收益也颇为可观。以这些水环境保护项目为基础设计的复合产业链，把整个云蒙湖水环境保护作为一个大项目，打包后以财政资金作为种子资金，以项目包的总收益率吸引社会资本，形成 PPP 模式水环境保护基金。

PPP 模式流域环境保护基金促使地方政府在流域水环境保护等领域中改变思路，积极引入市场化机制，增强自身造血功能。该基金的设计实际就是该流域水环境保护产业规划过程，财政资金通过参与基金对这些产业进行扶持，当这些产业可以脱离财政资金的扶持而真正在市场中独立运作时，流域水环境保护的自我造血机制就完成了。

环境保护需要通过市场化的产业结构调整来完成，但产业结构调整不仅需要大量资金，还需要整合各种资源，以扶持环境保护相关的新型产业。这些都不是单纯的财政补贴或者专项资金拨款于某一项目可以实现的，必须建构 PPP 模式区域环境保护基金平台，通过引入社会资本和社会资源，使其与财政资金和政府资源相结合，才能真正完成产业结构的转变，形成有利于环境和生态保护的产业结构，这才是实现环境保护目标的有效途径。另外，PPP 模式区域环境保护基金还具有风险控制和资源整合的优势。虽然其根本还是通过扶持与环境保护目标相关的产业来实现，但涵盖的是一个复合的产业链网络，而不是一个单项产业，最佳的基金设计应该是可以把这些产业组合成复合共生的产业链网络，互相呼应、互为赢利资源，从而实现风险降低、利益放大和资源整合的效果。所以，笔者认为，这是一种非常有前途的 PPP 模式环境保护基金。

四、政策建议

第一，政府应推进针对 PPP 模式绿色产业基金的制度建设。

环保产业的低收益特性，导致绿色产业基金对政府财政投入具有强烈需求。建立公共财政和私人资本合作的 PPP 模式绿色产业基金，是推动绿色产业基金发展的重要手段。但设立 PPP 模式的绿色产业基金，不仅是金融运作，更是制度创新，因为财政资金的使用具有其规范性和厌恶风险性特征，财政资金的投入目的是为了提高公共福利，而私人资本和市场运作必然以市场盈利为需求，两者目标如何统一，管理如何规范，如何厘清双方的责权利，都需要清晰的制度规范。

第二，应根据不同的绿色产业基金特点合理确定政府定位。

根据投资对象，绿色产业基金可分为区域复合产业绿色基金和某一单纯产业的产业基金。第一类主要投资于区域环境保护，包含很多行业，比如天津生态城建设基金和现在正在试点的流域水环境基金；第二类则投资于某一环保行业，比如土壤修复产业基金。这两类绿色产业基金都需要政府的扶持，但政府财政资金的介入程度是不同的。一般来说，对于有明显地域性质的绿色产业基金，政府会在资金筹集和投向等方面起主导作用。首先，这类基金需要政府更深入的参与，因为这类基金的投向在建立之初就已经明确规定，基金的投资计划往往就是该区域的环境保护规划如何实施，因此，不可能是完全的市场化运作，需要制度创新，建构政府资本与私人资本之间契约清晰、责任明确、利益共享、风险分担的合作关系。另外，因为该类基金是以区域环境保护为投资对象，区域内存在多种产业链，各种产业链之间通过项目规划设计可以实现互相扶持和风险控制。政府财政是厌恶风险的，这种以区域环境目标为投资对象的基金因为风险更小，也为政府财政更多进入提供了可能。但投资对象为某一单纯环保产业的绿色产业基金，财政资金所占比例一般不高，政府并不作为 GP 进入基金的管理机构，而只是作为 LP。其原因在于，这种基金有较大的投资风险，所以财政资金在其中主要发挥引导作用。

发挥生态金融的基础性融通作用

禹　湘*

今天我的发言主要从四个方面来说。

第一，生态金融依托于整个中国现在把生态文明建设提高到非常重要的战略地位的环境，首先可以从国际或国内大的环境来看中国在气候变化领域的国际定位。

第二，在这样的环境中，我们为什么还会面临非常大的压力？中国对全球气候变化和可持续发展建设是一种能力和责任的体现。

第三，生态文明建设是我们务实行动的一个集中反映。

第四，生态文明建设中非常基础的市场作用，离不开金融的大力支持。

经过 6 年时间刚刚完成的联合国气候专家委员会第五次气候评估报告表明，1880—2012 年的全球气候数据显示，全球地表平均温度升高了 0.85 摄氏度，平均海平面上升了 0.19 米，2011 年的二氧化碳浓度达到 391ppm，超过工业革命前的水平约 40%；95%的可信度表明，人类活动是非常重要的原因。气候变化使得人类在经济和生态中受到非常多维度的影响，它的负面作用会越来越明显，使整个人类的自然经济系统和自然生态系统变得非常脆弱。预计 2030 年前，气候变化带来负面和正面的影响也相当，但随后的负面影响会越来越明

* 禹湘：中国社会科学院城市发展与环境研究所博士。

显，特别是在资源、生态系统、粮食生产和粮食安全、海岸系统和低洼地区、人类的健康等方面。如果气温升高 2 摄氏度，全球年均经济损失可能会占到总产出比例的 0.2%—2%。对于城市化而言，提高它的恢复能力和可持续发展水平的行动，就显得迫在眉睫。各种科学研究都表明，气候变化已经是一个非常严峻的现实。

中国现在作为第一大碳排放国，也是最大的能源消费国，在全球面临着非常大的压力。我们所预估的碳排放空间和碳排放峰值显示，发达国家占据主要的地位；但中国作为发展中国家，它的排放幅度和增速会高于发达国家；从人均水平来看，要控制 2 摄氏度的升温目标，全球剩余排放空间也只有 1 万亿吨；对于中国而言，排放空间大约为 250 亿吨，目前每年年均排放 350 亿吨。所以，要控制 2 摄氏度的升温目标，中国可能每年需要削减 3%—6%的温室气体排放。

通过碳核算，我们认为中国将在 2030 年达到峰值。在采取非常多的气候变化减缓措施的情况下，人均碳排放也将达到 8—9 吨/人。社会进入常态，碳排放需求也日益明显，可以说在这样的状态下，中国碳排放的峰值可以预估。我们也不得不承认，碳排放受到非常多不确定因素的影响，包括中国经济发展速度和消费能源结构。从全球政治共识而言，大家对中国的期望越来越多，包括以美国为代表的发达国家对发展中国家，尤其是希望中国这样的新兴经济体减排的愿望是非常强烈的。

我们认为，中国要发展，需要在二氧化碳排放峰值和总量上作出努力，但更要看到中国在节能减排方面非常务实的行动。这涉及在未来的国际气候谈判中，中国会处于什么样的定位。虽然我们有非常多的碳减排目标承诺，但要看到我们正在推进全球的可持续发展，应对气候变化还是面临着非常多的任务。我们处于快速的城镇化过程中，还没有完成工业化；同时面临着快速城镇化、工业化带来的环境污染、生态恶化的问题；还面临着要消除贫困以及解决区域发展不均衡的一些问题。

应该说，中国近年来做了非常多的务实行动，我们强调在整个国际气候谈判中发展中国家的地位，并不是我们要逃避节能减排的责任，而是大家要关注我们非常务实的行动，而且也呼吁无论是发达国家还是发展中国家，都能更务实地共同行动。以 2013 年而言，我们整个 GDP 碳强度实现了一定的下降幅度。世界银行最新的研究报告显示，1990—2010 年中国能源节约量占全球同期能源节约总量的 57%。同时，中国的非化石能源发展也非常快，2013 年可再生能源投资可以说占全球投资榜首，清洁能源方面的投资也占到 20 国集团总投资的 29%。在全球碳市场都非常低迷的时候，我国的碳交易试点正方兴未艾。

同时，我们认为生态文明建设更是我们在进行节能减排、可持续发展方面非常务实的一个行为表现。生态文明建设虽然是我国提出的、具有中国特色的、具有战略高度的、多维度的可持续发展建设，但我们认为，它所推崇的人与自然的和谐发展、尊重自然、顺应自然的做法是有全球普适性的，不但中国可以进行生态文明建设，全球各国都可以共同借鉴生态文明建设的做法。

生态文明建设制度中，包括尊重自然、保护自然、划定生态红线、保护生态、编制生态资产、对各种资产的协同和利用等。可以说，整个生态文明建设制度当中有一点需要着力强调的是，中国经过这么多年的改革开放，非常强调市场在配置资源中的基础性作用。在这样的大背景下，我们来探讨金融在其中的作用就有一个更加明确的思路。

生态金融研究目前刚刚开始，无论对生态金融的定位还是未来相对于可持续金融、绿色金融特色的界定，有一点是不可否认的，它仍然要发挥对这种金融资产配套的基础性资金的融通作用。对我们而言，更关注的是未来生态金融发展还是要找到现阶段可持续发展、社会责任以及确定性资金很好的均衡点。社会资本的逐利性是不可回避的。将来无论是制定政策还是资金、金融工具的创新，我们比较关注这样几个问题。

第一，未来生态金融的顶层设计。我们希望有多部门联合、中长期的规划。

第二，在整个生态文明建设中，环保、生态基础设施、资源综合利用、公私伙伴合作关系的应用前景非常广阔。

第三，试办环保生态银行。

第四，培育和发展生态资本市场。

这都是未来值得探索和进一步研究的方向。

建立中国的绿色评级体系

金 海 年*

环境污染或保护具有经济外部性，绿色评级可以将此外部性转化为可量化的经济内生成本与收益。绿色评级涵盖：银行进行绿色信贷的内部评级、绿色债券的外部评级，环保与税收量化管理方面的应用。在中国需要建立绿色评级体系，建立一致可比的绿色评级标准和统一的绿色征信平台，这是绿色金融体系的基础，而绿色金融体系将是实现经济增长与环境生态保护平衡的有效手段。

一、建立绿色评级体系的背景

（一）绿色评级的意义

环境的污染与保护具有经济的外部性，往往难以以市场手段自发调节。只有将环境污染的负外部性转化为经济的内生成本，将环境保护的正外部性转化为经济的内生收益，才能利用市场规律，实现发展与保护的协调平衡。绿色评级正是将外部性因素实现经济内生化的量化手段，可以将企业对环境的污染通过量化评价转化为税收或处罚的量化成本，促使其采用防治手段减少或避免污染，将企业对环境的保

* 金海年：诺亚（中国）控股有限公司首席研究官。

护通过量化评价转化为奖励或补贴的量化收益，激励其保护环境与生态的行为。

绿色评级涉及银行的绿色信贷业务、债券市场的信用评级业务以及绿色征信服务，并可与环保部门的奖励和处罚、绿色金融机构的基金和贴息、财税部门的资源税收和补贴等手段量化结合，成为调节污染与实施环保行为等经济金融手段的重要基础。

（二）建立绿色评级体系的迫切性

绿色金融一般涉及环境污染防治、生态系统保护以及自然资源的可持续利用等三大层面的金融概念。由于我国人口规模巨大，经济发展迅速，粗放式模式带来了巨大的环境、生态与资源方面的挑战，绿色金融是利用经济与金融手段应对这些挑战的长效可持续机制。

2007 年 7 月，中国人民银行、国家环保总局与中国银监会等联合发布了《关于落实环保政策法规防范信贷风险的意见》，报告要求银行对节能减排不力的企业进行信贷方面的调控。同年 11 月，中国银监会颁布《节能减排授信工作指导意见》来指导绿色信贷活动的开展。保险制度的建设也已开始启动。2008 年 2 月，国家环保部会同保监会、证监会、银监会等金融监管部门相继出台“绿色保险、绿色证券、绿色信贷”等新政，绿色金融开始成为人们普遍关注的焦点。仅仅 2014 年前 9 个月，北京地区中资银行业金融机构就已累计为节能环保项目及服务授信 4300 亿元。在此背景下，国家开发银行与国家环境保护部签订《开放性金融合作协议》，出台行业内首个《太阳能发电开发评审制定意见》。进出口银行与世界银行联合实施“中国节能融资项目”。兴业银行是我国第一家也是唯一一家采纳赤道原则的金融机构，其基本业绩的提升在同业中居首，2008 年兴业银行采纳赤道原则以来，其基本业绩的增长幅度明显高于其他 5 家国有大型商业银行。

然而，包括银行内部评级体系和第三方评级机构在内的现有评级体系尚未建立系统一致的绿色评级体系，在评级主体或项目涉及污染影响、生态影响和资源可持续利用等绿色因素方面难以进行一致可比的有效评价，对从事环保等绿色产业的项目融资也缺乏专门系统性的评级标准与方法体系，不利于绿色项目融资信用风险评估的大规模开展，对绿色金融的推动缺乏系统性的评级机制，难以满足我国防治污染、保护生态、推动资源的可持续利用等方面的需要，不利于我国产业结构调整、发展方式转变等可持续发展方面的评价和引导。

因此，在我国的银行内部评级和第三方评级机构方面尽快构建绿色评级体系势在必行。

二、构建绿色评级体系的总体框架

（一）绿色评级的内涵

绿色评级是指考虑环境污染影响、生态系统影响以及自然资源的可持续利用等三大方面因素后的信用评级体系。

环境污染影响包括对人类需要的水、空气、土壤及食物生产等方面的污染影响或污染防治。生态系统影响包括物种保护、气候影响等生态链条体系的影响，例如建设水库、修建铁路公路可能阻断生物迁徙，碳排放可能影响气候变化，导致自然环境改变而造成生命物种灭绝等。自然资源的可持续利用包括对水、石油、天然气等不可再生资源的有效利用。

（二）绿色评级的实施步骤

1. 对现有评级体系引入绿色因素或权重，建立双评级体系

目前，传统的评级体系中涉及的评级对象包括受评主体和受评

项目两大类。其中受评主体包括国家主权、地方政府和企业三类；受评项目包括可能涉及绿色概念的传统债权融资项目和绿色产业项目。

由于改造现有评级体系需要一个过程，对于传统的债权融资项目，可以在沿用现有评级体系的评级结果的基础上，同时考虑绿色因素或进行绿色加权，并生成一个绿色评级结果，进行双评级尝试，并对绿色评级结果的升降进行财政补贴、信贷贴息或环保处罚。

2. 针对绿色产业项目进行专项绿色评级

根据环保部、银监会、证监会等监管部门的绿色项目定义，建立绿色项目信用评级体系，为绿色信贷、绿色债券等绿色项目的债权融资体系提供专项信用评级体系，包括评级标准、评级方法和评级应用。

新建立的绿色评级标准和方法应与环保部专业评测结果以及相关评级与评价结果相结合，将环保评级纳入绿色信用评级体系。

3. 建立统一共享的绿色征信平台

绿色征信是绿色评级的重要基础，可由主管部门牵头建立统一的绿色征信平台，对接环保部门、证券监管部门以及绿色信贷与债券发行平台，统一定期采集绿色相关项目及其公司主体的相关信息，为绿色评级等相关应用提供信息共享通道。

（三）绿色评级将应用在银行内部信用评级和评级机构第三方信用评级

在银行方面，应用在绿色银行和涉及绿色信贷相关业务的综合银行；在评级机构方面，进行传统项目绿色双评级和制定绿色项目的评级标准与方法，开展绿色评级应用。

三、实施方案

（一）银行试点实施方案

在未来成立的绿色银行内部建设绿色信用评级标准。在已设立绿色金融相关业务的商业银行内部则修订与之一致可比的绿色信贷评级。

（二）评级机构试点实施方案

针对第三方评级机构，要根据绿色金融风险形成的因素和过程进行分析，确定合理的实施范围、研发评级标准和方法、探讨合理的收费标准和商业模式。

1. 涉及评级机构

首先在市场影响较大且积极参与的信用评级机构实施，之后再推广到所有信用评级机构。

2. 评级标准与方法

（1）研究绿色因素对主权政府、地方政府和企业评级的影响路径、影响程度等，为此确定应选取的指标和相应的评级权重等一系列问题，从而更新现有的评级方法。

（2）专门针对绿色项目评级研发新的评级标准。

3. 收费标准或商业模式

政府补贴评级机构进行绿色评级研究所用的费用。如《中央财政主要污染物减排专项资金管理暂行办法》第二条专项资金使用的主要方面第七款明确规定：财政部、环保总局确定的与主要污染物减排有关的其他工作。绿色评级机构，作为环境管理的重要手段之一，将从专项资金中获得相关费用支持。

常规评级项目增加绿色评级因素后应提高现有的收费标准。常规评级项目增加绿色评级因素后，必然对高污染、高耗能企业作出更为严格的级别给定，也会为清洁生产、新能源、低污染、低耗能项目给予充分的评级肯定，相关的收费标准可体现绿色因素增加后评级信息价值的提升，有其必然性和合理性。

绿色项目的评级收费标准单独拟定，政府可给予适当补贴。如《关于发展生物能源和生物化工财税扶持政策的实施意见》，明确规定建立风险基金制度，实施弹性亏损补贴、原料基地补助、示范补助、税收优惠等方式，对生物能源与生物化工产业予以财税支持，这些产业评级，可作为绿色项目的评级来单独制定收费标准，并从相关财税经费中得到明确安排。

（三）鼓励设立专业绿色评级机构

评级行业的主管机构为专业绿色评级机构的设立提供了资格审核的便利，鼓励具有绿色评级能力的社会力量成立绿色评级机构，专门从事绿色征信与评级服务，为银行的绿色信贷、绿色债券评级、绿色税收、绿色处罚与补贴等方面提供经济量化技术服务，并鼓励开展全球服务，建立绿色金融的国际标准。

四、应用深化推广的进一步建议

（一）外部成本内部化

环保部建立污染排放基金，向污染排放企业按其排放量和污染程度等形成的不同评级结果收取不同的绿色治理税收、处罚或基金，排放多则成本高，排放少则成本低，收费应适当超过污染防治的费用，促使排放企业进行污染排放无害化处理。

财政部修订资源税和环保税，对不可再生资源的开发与使用、对污染排放按质和量以及评级结果征税，用于绿色治理和绿色金融成本负担。

由政府或第三方组织设立生态保护基金，吸纳公益捐赠和影响企业的生态保护义务费用。

（二）外部收益内部化

完善绿色补贴与贴息政策，根据绿色评级结果对绿色贡献企业提供相应档次的外部性补助。建立绿色主权基金，向绿色收益享受企业（如绿色环境的房地产开发商）收取绿色收益基金，用于进一步的绿色保护。

（三）绿色评级鼓励或强制政策

由人民银行、证监会、银监会、环保部等相关机构对绿色双评级和绿色项目评级制定相关的鼓励政策或强制政策，根据评级结果制定相应的信贷与债券利息、财政补贴、政策贴息、污染处罚、资源税收等量化标准。如有必要，由国务院制定相关条例或由人大立法。

生态金融的创新和实践势在必行

——兼论生态资金来源的顶层设计

李 东 辉*

生态金融作为支持国家与社会可持续发展的重要手段，作为未来金融发展不可避免的趋势和发展方向，已经上升为国际上的一种共识。生态金融在我国尚处于起步阶段，政府要发挥管理和主导的作用，做好生态金融改革的顶层设计，主要包括与生态金融体系相配套的法律制度、授信机制以及生态资金来源等主要内容。在未来一段时间，我国生态环境治理需要大量资金投入，仅靠地方财政投入难以支持。借鉴其他发达国家生态治理的成功经验并结合中国实际，建议政府可以通过增加生态产业财政预算、设立生态环保配套资金、构筑生态建设金融改革和制度方案等方式，实现生态资金的顶层来源，进而调动金融机构，引导社会资金进入生态环保产业。

一、生态金融的概念与意义

继党的十七大报告后，党的十八大报告中再次提出“生态文明建设”，提出“必须树立尊重自然、顺应自然、保护自然的生态文明理念，把生态文明建设放在突出地位，融入经济建设、政治建设、文

---

* 李东辉：北京东方园林股份有限公司董事、高级副总裁、金融板块总裁。

化建设、社会建设各方面和全过程”。[①] 作为现代经济运行核心与重要协调手段的金融业在这一转变过程中的助力不可或缺，我国生态金融体系的建立与发展问题也成为一项重要课题。

生态金融是指金融部门将环境和生态的影响纳入到日常的投融资决策过程中，通过金融业务的运作来实现对资金的引导，从而实现金融与自然的可持续发展。相对传统金融活动，生态金融更加强调环境利益，更加关注环保产业和生态，更加注意将资金引导到环保产业、生态产业。生态金融作为支持国家与社会可持续发展的重要手段，已经上升为国际上的一种共识。

二、我国生态金融发展现状

目前我国在生态金融方面依然处于起步阶段。1995 年国家环境保护总局颁布了《关于贯彻信贷政策与加强环境保护工作有关问题的通知》。2006 年国家气象中心和大连商品交易所联合开发了温度指数期货的合约标的指数，是我国首个天气衍生品。2007 年之后，我国环保总局会同银监会、保监会、证监会等金融监管部门不断推出“环保新政”，相继出台绿色信贷、绿色保险、绿色证券等绿色金融产品，但与之配套的相关法律制度、技术标准、考核机制等外部条件不完备，管理体系、授信机制等内部流程尚不成熟，依靠资本市场来促进生态金融发展仍有诸多政策短板。

诸多国家生态产业政策以及生态金融制度的不完善，导致投资者和商业银行对生态环保项目兴趣不足，政策性银行相对空白。生态环保项目存在工期长、成效慢的特点，生态环保企业普遍是固定

① 胡锦涛：《坚定不移沿着中国特色社会主义道路前进　为全面建成小康社会而奋斗——在中国共产党第十八次全国代表大会上的报告》，人民出版社 2012 年版，第 39 页。

资产规模较小、偏重服务和技术创新的企业，而金融机构在评审生态环保项目的过程中，由于没有行之有效的激励机制和政策保护，依然主要采用固定资产抵押授信的传统方式，同时在面临有限的信贷规模和严酷的绩效考核的局面下，宁愿放弃生态金融业务而选择支持驾轻就熟、回报容易达到预期的传统业务，使得地方政府和轻资产运营的生态环保企业在目前的金融体系下面临融资的困难。

三、国外在生态金融领域的实践

（一）欧洲

早在 1974 年，当时的联邦德国就成立了世界第一家政策性环保银行，命名为“生态银行”，专门负责为一般银行不愿接受的生态环保项目提供优惠贷款。

德国复兴信贷银行作为政策性金融机构，专门设立了环保贷款项目，贷款多由联邦政府的资金贴息，从很大程度上解决了生态环保中小企业融资难的问题。

英国政府选择用“贷款担保计划”支持中小企业尤其是环保类中小企业。在确定最终担保比例和还款的过程中，企业的环境影响被作为重要的标准。

（二）日本

日本政策投资银行，为了减轻环境压力，更好地促进企业环保投资，于 2004 年 4 月正式开始实施促进环境友好经营融资业务。其后在 2007 年，日本政策银行在环境省的大力支持下，再次推出了环境评级贴息贷款业务。日本政策投资银行采用实施各类促进环境友好经营融资的相关业务，充分发挥政策银行的协调作用，给绿色信贷的发展创建了一个宽广的平台。此外，商业银行还能够充分合理地利用政策银行的环境评级系统，评估和监督各个贷款目标企业，以更实际的方法去规避投资风险，提高投资效率。

（三）韩国

韩国目前已成立6家生态基金公司，总资产管理规模达67亿韩元。2009年，韩国政府推行“绿色金融”计划，投资380亿美元以保障全国生态基础设施的建设、低碳技术的开发、绿色生活工作环境的创建工作，为韩国未来发展提供了新的增长动力。

四、生态资金来源的顶层设计

在未来一段时间，我国生态环境治理需要大量资金投入。预计未来5年仅主要针对工业水污染治理的投入就将达2万亿元。如果按照全国水域污染面积、水生态建设、相关省市规划数据口径统计，仅以浙江“五水共治”（治污水、防洪水、排涝水、保供水、抓节水）为例，总体就需投入4800亿元。就此全国其他各省参照测算，完成全面水生态治理需要投入约10万亿元。与此同时，目前全国耕地土壤污染面积达3%（约5400万亩），按照治理成本测算，土壤污染治理也可能需要投入10万亿元左右。如此巨大的资金需求，仅靠地方财政投入显然难以支持。借鉴其他发达国家的成功经验并结合中国的实际国情，建议政府可以通过增加生态产业财政预算、设立生态环保配套资金、构筑生态建设金融改革方案和制度方案等方式，设计生态资金的顶层来源，进而调动金融机构，引导社会资金进入生态环保产业。

（一）增加生态产业的财政预算

通过增加财政预算等方式设计资金的顶层来源，是将环保项目的外部性内生化的主要手段之一。建议未来财政收入增长部分的一定比例或者 GDP 的一定比例专项用于我国生态事业。根据联合国环境规划署估计，100 亿美元的财政资金可以撬动 1000 亿美元的社会资金投入生态产业。过去 10 年中，我国财政收入占 GDP 的比重约为 19.5%，平均财政收入增长速度约 19.3%。假设未来 5 年，我国财政收入增长速度为 10%，其中增长部分的 40%—50%用于我国生态事业，将会直接产生约 3.2 万亿—4 万亿元的生态支持。

（二）设立国家级生态环保配套资金

我国政府在 1993 年制定的《中国教育改革与发展纲要》中提出，到 2000 年前，国家财政性教育经费支出应该占国内生产总值的 4%。据 2008 年全国教育经费执行情况统计公告显示，2008 年国家财政性教育经费占国内生产总值比例为 3.48%，约合 10450 亿元。我国生态事业作为党的十八大报告中的一项重点工作任务，不仅是我国未来几年新的经济增长点，更是中华民族持续发展的根本基础。因此，强烈建议国家在财政预算中也参照教育经费设立生态环保经费，规模逐步达到国内生产总值的 5%—10%。

（三）政府可以考虑开征生态资源税或者生态资源费

除了财政资金之外，还有一系列金融体制安排也可以撬动社会资金投入生态产业。这些安排不一定需要多少财政投入，但可以通过立法、改变评估体系、建立社会责任体系、提供环境成本信息等方法在一定程度上增加银行和投资者对生态项目的偏好，减少其对污染项目的投资倾向。例如像收电费一样收水资源费，采取“谁污染谁付费，谁享用谁交税”的收取原则。所征收税款和费用继续投入生态环境治理，从而形成可持续良性循环。

（四）构筑生态建设的金融改革方案和制度方案

由国家财政发起组建，或由国企、民营企业发起设立从事生态投资的专业银行，充分发挥了生态债券的杠杆作用和专业评估能力的规模效益，可以在整个体制无法大变的背景下实质性地推动生态投资的增长。

生态银行的资本金可以部分来自政府，也可以吸引部分社会资本，包括社保基金、保险公司、养老基金和具有长期投资意愿的一些机构。这种安排可以直接让社会资本长期参与生态产业的投资。该银行的资本金的规模应该能够支持每年上千亿元的生态贷款和投资。

此外，可考虑由国开行、农发行等政策性的银行指定一部分专门贷款用于生态治理和生态产业投资。通过在金融产品和工具上的创新，带动机制的构建和完善，达到资源配置的作用。

同时，也应该鼓励设立生态产业基金，由生态环保企业和金融机构共同发起设立。生态产业基金作为一种全新的金融创新制度，使生态产业投资和资本市场融资有机地结合在一起。以国家政策为指引，以生态基金为资源整合平台，充分调动政府资金和民间资本两方面的积极性，发挥资本市场投融资机制对生态产业的重要支撑作用。

中国经济转型与环境保护[①]

林 卫 基[*]

中国在意识到当前的增长模式对环境的影响后，已开始采取措施以减少对能源和自然资源的依赖。除了政府在税收和环境监管方面的措施外，绿色金融将在推进中国环保以及可持续增长方面发挥重要作用。除了通过银行强化绿色信贷指引，还可通过绿色金融扩展多样化的资金来源，以及进一步引入民营资金。同时，中国向可持续经济转变、环境保护转型需要合理定价和配置资源，需要一个包括财政、金融以及国有企业改革的综合路径。

一、经济转型与环境保护现状

中国经济在过去成功取得高增长的同时，也对环境产生了一定的负面影响，其中对环境的负外部性影响往往并未被纳入家庭和企业的考量之中，所以保护环境、推广绿色经济增长还有很大的空间。政府将环境保护作为“十二五”规划的目标，此外，2013 年的中国共产党十八届三中全会的改革蓝图也将环保作为一个改革重点。根据改革蓝图，水、燃料和电力等资源的定价将更加市场化，并研究引入环境

① 这篇报告仅代表作者个人观点，并不一定代表国际货币基金组织的政策方向，该报告在 2014 年中国人民银行和中国人民大学举办的学术论坛上讨论使用。

* 林卫基：国际货币基金组织驻华副代表。

税，从而将污染和能源损耗的成本内部化。在未来的几十年中，这一目标将鼓励经济向环保方向发展转型。

人们已经意识到通过投资拉动增长，依赖能源密集型发展模式是不可持续的。根据多边机构的估计，从中期来看，为了保护环境（包括节能和可再生能源），政府每年将需要在环保上花费人民币 2 万亿元。[①]

绿色金融一般是指为可再生能源和环境保护提供的金融服务和金融产品，例如银行贷款、私募股权、债券以及股票的发行等。[②] 它将指引资本和资源的配置，为解决环境保护的融资需求做出贡献。同时，如果中国过渡到一个可持续并更加环保的增长，就需要一个包括财政、金融和国有企业部门改革的综合路径，这将使资源的定价以及配置更加合理。

二、当前环境保护的政策措施

中国政府已经实施了一些环保法规来限制污染和工业能源损耗[③]。借助绿色公共采购以及环保税，在以市场调节为主的方向上取得了一些进步，但还有更多的事情需要去做。

（一）环保税

虽然中国对多种资源和车辆征税的同时也征收污染费，但是与 OECD 国家相比，征收总额还是偏低，并没有把气候变化、局部污染

① 经济合作与发展组织（OECD）和世界银行表明，为了实现低碳经济，每年全世界将花费 5 万亿美元来满足交通、能源和水资源对基础设施的需求。该数据源自“中央财经大学气候与能源金融研究中心”和“气候组织”根据国家发展改革委员会的委托而编写的报告。

② 根据联合国环境规划署金融倡议。

③ 以下的叙述提供了一个简单的概况，这并不意味着是实施措施的一个详尽的记录。

以及拥挤等的负外部性内在化。税种的实施和设计等问题也加大了解决外部性的成本。不同费用在各层地方政府都有不同的共享机制，这种结构不仅降低了系统性征收的作用，也增加了从付费向征收环境税转变模式的难度。税收亦在一个较低水平，并且在实际征税中，执法力度稍为不够。最近的估计表明，污染源的聚集和人口的高密度使得中国污染的整体外部性都比其他大部分国家为高。

（二）绿色金融

金融监管机构已经在鼓励绿色金融政策法规出台和实施方面作出努力。自 1995 年以来，政府机关实施一系列的措施，致力推广绿色金融的准则。中国人民银行已经要求金融机构将环境保护纳入信贷决策中，而环保部门也通过信贷政策来鼓励环境保护。

2007 年，中国人民银行、环保部和银监会联合正式发布了绿色金融政策，把绿色信贷纳入银行信贷管理以利于环境保护，并要求金融机构在考量贷款时，将环保问题纳入信用风险评估当中。例如，如果企业没有达到或者偏离环保标准和规范，将不会得到贷款。2012 年，银监会发布绿色信贷指引以促进绿色信贷，指引强调要减少环境风险，同时也强调了绿色信贷在促进银行可持续发展中的作用。[①] 环保部和保监会也在试点地区和高环境风险、高环境危害行业发布了绿色保险政策。运用责任保险的企业增加了约七百个，而保费却仍然温和。除此之外，排放市场上的交易制度也已经在交易平台、交易规模等方面有了相应试点。

虽然绿色金融仍处于初级阶段，但部分金融机构和私人企业已落实绿色金融中的环保准则。在 2009 年，中国银行业协会将绿色信贷指引引入到中国银行业体系的企业社会责任当中，并要求银行每年

① 绿色信贷的制定是为了鼓励银行发展绿色金融，包括主动将环境保护纳入贷款决策当中，并且控制环境和社会风险，以更好地服务于经济的转型。

发布企业社会责任报告。同时也鼓励银行在环境规范和标准方面运用赤道原则。同时要求银行在支持产业政策时，承担社会责任。除此之外，越来越多的上市公司也发布了可持续发展报告和社会责任报告。

到目前为止，中国的绿色金融主要依赖政府基金和银行贷款。绿色融资中，公共资助仅占15%，大部分来自私人商业部门。从长期来看，多元化的资金来源还有相当大的发展空间。

公共资金通过直接支出、税收优惠以及企业补贴来支出企业绿色投资，达到节约能源的目的。根据“十二五”规划，2011年，在能源效率方面，政府已经确定了几个战略产业，并且建立了一个40亿元人民币的基金来支持绿色金融。中央政府绿色项目资金有时候和来自地方政府的激励措施相匹配。在过去的几年中，由于基数较低，合格的能源服务企业在数量和规模上已经增长10倍。试点项目的普遍实施，也有利于经验的积累并且从中筛选出促进绿色金融发展的实践。一些国有企业在清洁能源上的投资也促进了绿色金融的发展。

在其他新兴市场上，绿色金融的国际经验也处在初级阶段。在印度，银行在促进绿色投融资方面开始变得更加活跃。

三、专项绿色发展的改革

中国经济向环境保护和可持续发展转型，进一步要求实现十八届三中全会的改革蓝图。对中国来说，绿色增长的关键是自然资源的合理运用，这要求有一个跨越各部门的改革策略，包括财政、绿色金融以及国有企业改革，并确保绿色金融的实施路径与蓝图中的其他改革措施相一致。

（一）财政措施

通过财政政策，可以鼓励私人资金流向绿色项目。普遍的方法是通过运用公私合营，以公共资源为杠杆来吸引更多的私人资金，从而为绿色项目基础设施融资。[①] 同时需要注意，在投融资方面，公共资金对私人资金的排挤。政府与社会资本合作可以吸引民间资本，并且对公共资金为绿色项目融资起到了杠杆作用。政府与社会资本合作可以在对政府不增加太多财政负担的条件下为环保项目融资，但当中需要政府建立一个良好的治理和框架结构。目前，财政部正在为发展政府与社会资本合作的治理结构而努力。例如，中国绿色科技技术已经有几个公私合作模式。随着绿色技术市场的规模达到 1 万亿美元，已经在不同程度上涉及 6 个环保部门。政府倾向于在传统清洁能源和电力基础设施方面起主导作用，但是，私营部门和国有企业通常在可再生能源、绿色交通和建筑上扮演一定角色。

动员私人资金，公共资金和私人资金的结合可能会解决金融市场失灵问题，并减轻对环境的负外部性。利用公共资金来调动私营部门的资金，从而促进绿色融资。公共金融机构，包括国家开发银行，通常通过打折或者保证的方式来为绿色投资提供资金。除此之外，也可发挥催化作用，来促进民间资本向环保部门投放。例如，国家开发银行用低息贷款和高信贷额度的方式为实施低碳城市、水文流域管理、废水处理和可再生能源技术升级等的地区提供 1500 亿美元。

利用公共资金动员私人资金或使用政策银行来推进绿色金融的国际经验是很常见的。例如，美国能源部提供了一个利用联邦资金来保证清洁能源发展的贷款担保计划。英格兰银行和日本银行通过引进借贷便利来支持国有企业部门对绿色项目的投资。除此之外，日本国际

① 除此之外，公共金融部门在向企业或者家庭贷出资金时，能够提供较低的融资成本，并且要求家庭和企业保证相关资金与绿色项目有关。

协力银行等公共财政机构和政策银行为绿色投资提供融资贷款和担保。

与此同时，税收措施也有助于将污染企业和家庭对环境的影响内部化。一些税收工具可以作为政府当前的改革议程的补充，来促进绿色经济的增长。①

第一，可以引进基于化石燃料碳排放强度的排放税。在经济链条的污染源头（例如煤矿、能源设施、石油精炼厂）课税，将减少应纳税的中间环节，从而减轻行政负担。它在将中国资源税整合到位的同时，也将重构中国的行政结构，并激励减排行为，因为能源价格的上升对各经济部门和经济活动的影响都是一样的。

第二，由于目前对一个地区的空气污染物（例如，二氧化硫和氮氧化物排放和小颗粒等）征收的税率只占当地污染所带来的健康成本的一小部分，所以对污染物征收的税率还可以大幅度提升。这些税收的法律地位还可以进一步提升，升级为充分完善的税种，以便于执行。对汽油和其他石油产品征收消费税可以进一步减轻负外部性。根据对外部性成本的经验估计，与其他经合组织经济体相比，汽油的有效税率可以从目前水平的 40 美分/升增加到大约 55 美分/升，但该水平仍远远低于日本（75 美分/升）和韩国（85 美分/升）。

第三，通过调整车辆税，来更好地反映车辆污染排放的外部性。这可能会替换当前基于发动机功率的阶梯式征税方法。改革的选项包括建立一个针对车辆价值的从价消费税，以满足对污染排放的税收目标和中性税收税制②。

这些以市场为基础的方法有利于绿色增长的取得和环境保护的成

---

① 长期保护性电价对小规模生产商对清洁能源的承诺价格，其他方法也能激励可再生能源投资以及减轻污染排放，但这可能会增加对贸易保护主义的担忧。

② 这种税制结构为污染程度比预定参考阈值更大的汽车强加了一个额外的征收费用，并且为排放量比标准额度小的汽车提供了折扣。

功，与其他经合组织国家的平均水平相比，这可能带来约为2.5%—3%GDP的环境税收。展望未来，工作的重点是更好地实现污染定价，严格执行环保法规、鼓励使用环保技术，并逐步形成一个支持地方财政的税种。

（二）金融措施——绿色金融

绿色信贷政策在环境保护金融发展的过程中，应被视为一个起点，而不是一个终点。在绿色信贷政策下，银行的贷款决策与环境标准和绩效相关。譬如一些商业银行已采用赤道原则，而一些绿色信贷政策机构打算进一步发布不符合环保标准公司信用黑名单，而绿色公司则会列在良好的评级中。①

银行系统对银监会的绿色信贷指引的遵守程度有所不同。环境保护部2012年的一项调查表明，大多数银行都采用了绿色信贷政策，但这些信贷政策并不影响信用评级和贷款决策。被检查的银行中，只有约12%的银行全面推行绿色信贷政策，而在这12%的银行中，又有约一半的银行并未有效地实施绿色信贷政策。此外，虽然信息没有被公开披露，但是最大的国有银行在提供贷款时，通过检查企业客户的环境标准来实施信贷指引。一般情况下，规模较小的商业银行和信用合作社实施这些措施的时候，会面临更多的困难。

虽然银行越来越意识到企业社会责任和可持续发展的重要性，但大多只意识到需要遵从绿色信贷的指导方针。绿色贷款经常被认为风险大而长远利益难以评估，这增加了企业，尤其是那些初创企业和中小企业的绿色融资的难度。例如，能源效率和环境保护领域贷款总额不到银行的贷款组合的3%。展望未来，银行可能会更多采用国际标准，如赤道原则和联合国环境规划署金融行动准则。

① 扩展企业信贷时，银行自愿使用的一系列条件。

绿色金融在风险资本和股票市场等市场融资规模比较小。近年来，市场融资仅占中国清洁能源投资总量的一小部分。投资者常常发现绿色项目回报率低而且现金周转的时间长。同时，相对于其他成熟市场，绿色金融的债券发行和上市交易基金规模较小。但是，越来越多的绿色债券给长期投资者带来较高流动性和稳定的回报。

除了绿色金融，金融行业改革将提高信贷的分配。在污染或资源密集型产业，储户、中介机构、借款人以及存款利率上限扭曲了定价风险和借贷成本，导致信贷分配不当和投资低效率。

（三）国有企业改革

国企改革不仅重要，而且还是促进实施绿色金融的一个关键补充。国有企业高度参与资源密集型行业会带来环境问题，在推进国企改革中，市场将在资源定价和分配中起到更大的作用。为了使国有企业和私营企业之间公平竞争，国企改革是必要的，其措施包括将以前利于国有企业的措施全面开放和促进企业间的公平竞争、合理定价、其他要素输入以及实施硬预算约束等。但只要金融机构认为国有企业受益于政府的暗中支持，使得这些国有企业优先获得融资，这将继续扭曲竞争，并使资源分配不合理，最终加剧环境问题。

（四）行政措施

朝着更环保增长道路前进的关键之一是加强行政执法和设置环境法规。在“十二五”规划中，中国提出了环境保护的目标和任务，各种行政措施已经被实施或正在实行中。例如，中国宣布在亚太经济合作组织(Asia-Pacific Economic Cooperation，以下简称APEC)会议期间减少碳排放。此外，2010年10月国务院指示推动包括能源效率、环保、可再生能源在内的绿色领域的发展。2011年8月，财政部和国家发改委呼吁建立一个公共基金，并以此为基础来吸引更多的私人投资，从而促进绿色产业的创业创新。2014 年 4 月份批准的《中华人民共和国环境保护法》也为绿色增长的改革措施提供了法律依据。为了便于过渡，执行这些法规和行政措施是十分重要的。①

绿色金融在解决环境的负外部性方面起着越来越重要的作用。除了政府税收措施和环保规则，绿色金融将在促进中国的绿色经济增长方面起到很大的作用。通过银行更加积极地执行绿色信贷指引，公共金融机构和公私合营部门的多元化融资以及更深层次的动员民间资本等方法的实施，会扩大绿色金融的供给。同时，中国向更加可持续、环保发展转型将需要一个包括财政、金融以及国有企业改革的综合措施，这将使资源定价和配置更加合理化。

① 它包括一个新的下降 17%的碳排放强度目标（单位国内生产总值碳排放的减少，以 2010 年水平为基准），能源效率提高 16%的目标，以及一个到 2015 年的非化石燃料在总能源结构中占比 11. 4%的目标。

推动中国绿色金融体系建设

马　骏*

中国人民银行研究局发起成立了一个绿色金融工作小组，这个工作小组是和联合国环境署一起合作项目的，我本人担任中国人民大学生态金融研究中心的理事。2014 年 11 月中国人民大学重阳金融研究院举办了一次小组和各个部门领导的交流会，来自中财办、国务院研究室、发改委、环保部、银监会的相关领导做了评论，总体评论非常正面。

我们希望在四个层面推动中国绿色金融体系的建设：

第一个层面，机构建设。其中包括了建立绿色银行体系，推动中国绿色基金的发展以及中国对外投资当中的绿色和社会责任。

第二个层面，政策支持。所谓政策支持指的是财政、银行监管部门等，需要给绿色金融一定的支持，包括财政对绿色贷款的贴息，以及财政希望对绿色债权予以一定的税收优惠，希望能够建立绿色企业发行绿色债权和 IPO 的绿色通道。

第三个层面，绿色金融体系的基础设施。这是指金融方面的基础设施，包括建设绿色数据库、绿色评级体系、绿色投资网络、碳交易以及排污权交易等，为什么称为金融基础设施呢？因为这些方面的工作并不一定需要政府在政策上有特别大的优惠，尤其并不一定需要政

* 马骏：中国人民银行研究局首席经济学家、中国人民大学生态金融研究中心理事。

府出资，但是金融机构需要作出很多的努力。

第四个层面，绿色金融法律环境的建设。其中我们提了三条建议：一是关于绿色保险；所谓强制性的绿色保险，类似于德国在20世纪90年代就已经启动的，在90个行业都强制要求企业在开启项目之前就必须购买的生态保险，因为这样的保险可以让一些污染企业未来的成本显性化，使得这些企业在开启项目之前就可以比较明确地判断未来可能承担的成本，从而抑制污染型的投资。二是银行的环境法律责任；美国做得比较早，20世纪80年代就有法案规定，如果银行参与了对污染项目的贷款，则允许污染的受害者起诉银行。目前中国还没有这样的法律，虽然在各个法规当中，偶见一些相关描述，但具体的可操作性比较有限。三是希望推动上市公司环境信息的强制性披露；目前中国上市公司中实行环境信息披露的比例仅为20%，但在其他的发达国家，尤其以英国为例，该比例是100%，因为英国有强制性的要求。所以，这些方面的法律建设，也能够推动和强化企业责任意识，某种意义上它可以替代政府对绿色金融的补贴以及政府对污染型项目的惩罚。

第三篇

政府在生态金融中的作用

政府对发展生态金融的作用

张建平　林　畅　王默儒*

我国面临经济转型以及资源和环境等各方面问题，发展生态金融，以此推动可持续发展是必然趋势。金融作为优化社会资源的重要工具和方式，对各行业发展具有不可替代的导向、支撑与促进作用。因此，在统筹当前发展和长远发展的需要实现可持续的背景下，绿色发展和转型需要生态金融的有力支撑。因此，在我国目前经济结构转型的关键时期，大力发展生态金融具有非常深远而重要的意义。但目前我国生态金融的发展仍然存在许多问题，这些问题一方面需要各个微观的金融机构积极参与其中，履行环境和社会责任；另一方面，在生态金融的发展初期，更需要政府参与其中，从战略层面、政策层面以及执行监管层面大力推进生态金融的发展。

一、生态金融的内涵和意义

（一）生态金融概念的兴起

在此，首先区分一下生态金融的具体概念。事实上，在当下学术界与实务界，生态金融包含两层含义：第一，对内金融机构在良好的

---

* 张建平：国家发展和改革委员会对外经济研究所国际合作室主任；
林畅：南开大学经济学院金融系金融学专业本科生；
王默儒：北京大学政府管理学院公共政策专业本科生。

内部管理制度、微观制度环境以及宏观制度环境的保障下持续健康的运行；第二，对外支持绿色金融产品与市场，使用金融手段解决生态治理、绿色发展的问题。考虑到当下中国特色生态文明建设的要求与中国经济面临转型升级的双重背景，这里所提到的生态金融仅指其第二重含义，生态金融即指“绿色金融”。

生态金融的产生与发展最早应追溯到环境金融这一概念的提出。环境金融的相关概念最早产生于20世纪90年代末，国外的一些学者开拓性的把环境因素引入到金融学中，开始关注金融在环境保护中的作用，提出了环境金融的概念。2000年以后，国内的学者也开始逐渐研究环境金融的相关问题，相对于国外学者“环境金融”的提法，国内学术界习惯于用“生态金融”来表示金融业与可持续发展之间的关系。关于我国发展生态金融必要性的相关论述中，一方面从政府与市场在解决环境问题上失灵的角度来看待生态金融产生及发展的必然性(孙洪庆、邓瑛，2002；熊学萍，2004)；另一方面通过对生态金融内涵的分析指出发展生态金融是21世纪金融业发展的必然趋势（王军华，2000），发展生态金融对于促进国民经济的可持续发展有着重要意义(王军华，2000；熊学萍，2004)；除此之外，还从环保产业需要资金支持的角度来阐述生态金融发展的必要性(孙洪庆、邓瑛，2002)。

（二）生态金融的内涵

从生态金融的含义来看，就是要通过金融化的手段，来解决生态建设和节能减排，以求达到环境效益与经济效益的统一，最终促进物质文明与生态文明的双赢。政府方面则需重视生态金融的含义，平衡经济发展、产业增长与环境保护的关系，通过配套金融政策大力支持发展新兴低碳、环保产业。

二、生态金融的发展现状和现存问题

（一）发展现状

1. 生态金融的政策方面

我国生态金融政策已进入快速发展阶段。2007 年《关于落实环保政策法规防范信贷风险的意见》标志着绿色信贷全面进入我国节能减排领域。2011 年 9 月 27 日，“三部门”联合启动“绿色信贷”评估研究项目，并计划建立“中国绿色信贷数据中心”，为商业银行践行绿色信贷、管理和评估风险提供权威的信息支持。2013 年 12 月 18 日，环境保护部、国家发改委、中国人民银行和银监会联合发布《企业环境信用评价办法(试行)》，推动了环保信用体系进一步完善。此外，《节能减排授信工作指导意见》《绿色信贷指引》等鼓励绿色信贷的规定和政策意见也相继出台。在推广赤道原则方面，环保部编译出版了《促进绿色信贷的国际经验：赤道原则及 IFC 绩效标准与指南》，但赤道原则尚未在我国商业银行中普及。

2. 生态金融的结构规模方面

生态金融结构初具规模，但产品结构发展不平衡。随着全球在环境保护等问题上不断达成共识，我国生态金融的发展也日益受到高度重视，并得到了实现与推广。政府相继推出了绿色信贷、绿色保险和绿色证券等金融产品，掀起了一场大范围的生态金融风暴。三种金融产品中，由于后两者刚刚起步，国内相关市场欠成熟，故形成了以绿色信贷为主的产品结构模式。

（二）现存问题

在目前价格体系无法完全反映绿色项目正外部性的情况下，如何吸引社会资金配置到绿色产业，是政策面临的一大挑战。多方报告显示，生态金融现存以下几大问题：

第一，缺乏顶层设计，不同层级的政府之间、政府和市场之间在发展生态金融意愿上存在背离和偏差。生态金融涉及不同层级的政府和金融机构、投融资者、其他利益相关者等多方主体，这些主体都有各自不同的利益考量。同时由于未能通过政策和体制安排，将市场价格体系下绿色项目的正外部性和污染投资的负外部性显性化，因而难以为生态金融发展提供足够的激励机制。

第二，绿色可持续发展的国家战略尚未在金融政策中得到充分反映，缺乏对生态金融的准确定义。目前我国已将经济社会的可持续发展上升为国家战略，这为生态金融发展赋予了广阔的空间和机遇。但现有生态金融政策支持体系尚难以将绿色项目的巨大外部性内生化，无法为市场主体的投融资提供足够的激励。由于我国尚未建立明确的生态金融概念框架和统计意义上的详细定义，导致实践中存在诸多问题。

第三，生态金融相关法律体系存在缺陷。以《环境保护工作有关问题的通知》为标志，迄今已经出台了多部规章和规范性文件。但从实践情况看，现有生态金融相关法律体系仍存在立法层次低、责任归属不明确、操作性不强等缺陷。

第四，金融机构开展生态金融的积极性不高。具体表现为：一是环境损害成本的合理负担机制尚未形成，使得市场主体环保投资的内在动力不足；二是财税激励政策不到位；三是专业人才发展战略等配套机制的建设尚未引起足够的重视；四是市场服务中介体系，如专事绿色发展相关业务的专业化中介服务机构发展滞后。

第五，生态金融市场体系不完备。我国以绿色信贷为主的产品结构相比于国外金融市场中的丰富实践来说，显得有些单调。在当前金融创新改革的大环境下，需要更多学习国外金融市场的先进创造。

第六，相关政府部门配合不到位。具体来说，生态金融涉及多个政府部门，需要良好的跨部门协调和沟通机制。但目前跨部门协作仍存在信息沟通不足、政策不协调等问题。需要通过跨部门协作，解决目前信息不对称的问题，为金融机构发展生态金融提供良好的环境。

三、生态金融发展中的政府作用

对于生态金融来说，解决现存问题，政府所为的关键在于加强顶层设计、强化激励机制、完善监管制度三大方面。具体而言，可以落实为以下几点措施：

第一，设立跨部门机构、加强立法。

发展生态金融涉及一行三会、发改委、财税部门、环保部门、金融机构等多方主体的职责，需要加强顶层设计，理顺跨部门行政管理体制。在地方政府层面也相应建立跨部门协调机构。立法方面，路径上采取生态金融促进法和金融法生态化并行不悖的方式。一方面，由全国人大出台《生态金融促进法》，将现有生态金融法规、政策转化升级为法律；另一方面，在对《商业银行法》《证券法》和《保险法》进行修改时，加入绿色信贷、绿色证券和绿色保险制度的相关规定。

第二，完善生态金融政策支持体系。

在生态金融政策支持中，应在财税政策、货币政策、信贷政策和产业政策方面推进协调配合。同时，在执行层面也可以采用鼓励现有政策性金融机构或新建相应政策性金融机构的方法，由政策性金融机构更大程度上提供绿色产业增长所需要的，但是商业性金融机构出于盈利性角度不愿提供的中长期资金。

第三，加强监管，节能减排标准与金融机构挂钩。

政府要完善相关监管制度，强化环境对金融机构的约束力度。例如，支持政策性银行如中国进出口银行、国家开放银行提高项目环境标准，逐步将“绿色信贷”由指导性政策上升为一种约束性制度安排，进一步统一绿色信贷标准，将银行和企业的环境、社会风险联系在一起，强化环境利益相关者的联动。此外，推动商业性金融机构成为赤道银行也是一条可能路径，并更好地执行2011年出台的《国务院关于印发“十二五”节能减排综合性工作方案的通知》中“将绿色信贷成效与银行机构高管人员履职评价、机构准入、业务发展相挂钩”的政策，以保证金融机构节能减排的执行效果。

对绿色融资的需求
要靠有力的政策驱动

王晓东*

可以说，在现在多边、双边发展机构里，世界银行是对气候变化进行融资的领先者，2013 年一年，世界银行集团在气候变化方面的融资就达到 113 亿美元，其中一大块是清洁能源，额度为 45 亿美元，可再生和节能占我们能源投资比重的一半。中国的气候变化和污染主要都是能源造成的，世界银行过去在中国投资了 16 亿美元，90%以上全是绿色的，主要集中在节能、可再生、低碳城市和天然气四个领域里。

我们在可再生领域里做过一些工作，眼下正在开展可再生能源规模化项目。2005 年对《中国可再生能源法》和固定电价作出了重大的贡献，也对风电厂投资初期做了一些投资，现在我们对中国可再生能源领域的投资是世界第一。

我们现在发展的是分布式供能，我们也在和世界银行探讨分布式供能的融资平台项目研究。还有新的技术，如英国绿色银行，英国绿色银行大部分的投资是在海上风电项目上。中国绿色能源投资是一大块，2005 年，我们首次引入绿色能源管理公司(Energy Service Company，以下简称 ESCO)①，十年以来，中国的 ESCO 已经成立了 5000 家，在

* 王晓东：世界银行高级能源专家。

① ESCO，中文名为节能服务公司，又称能源管理公司，在中国又称为 Energy Management Company，是一种基于合同能源管理机制运作的、以赢利为目的的专业化公司。

ESCO 成长过程中我们为 ESCO 提供了担保。如今在进行的节能转贷项目有 4 亿美元，通过进出口银行和华夏银行，对工业节能进行转贷，我们已经用 2 亿美元撬动了 7 亿美元的贷款，这样我们完成了将近 9 亿多美元的节能减排融资。

政府最重要的角色是在行业政策上。如果中国没有强有力的节能减排的行业政策，这些目标就绝对不会有对绿色融资的需求。

在和中国银监会探讨时，我们发现，在做节能转贷项目的过程中，比如进出口银行、华夏银行出现了很大的变化，他们从一开始不知道什么是节能项目，到现在找项目、评项目时把节能减排作为他们的主要业务之一，但是这样的银行在中国并不多。

我个人认为，绿色金融政策不要贷款给高耗能、高污染的企业，但做绿色企业的贷款这方面的激励措施很少。我们和世界银行交流认为，银监会可以考虑建立一个银行绿色信贷部门，由这个部门进行统一管理推动这方面的事情。银行业提出来，银监会给银行一定额度来做绿色信贷，银监会在绿色融资方面对银行应有更多的政策支持。

除了政策，政府还能起到的作用是公共资金的运用。公共资金怎样能最大化地撬动绿色投资。中国投入了很大的国家投资进行激励，从以前的投资补贴到用户补贴，到今天提的贴息，这些都是为了把还不够绿色的金融项目变成绿色金融项目，通过政府补贴最后实现绿色投资最大化。

我们也在考虑在中国推动建立绿色银行和绿色基金，主要领域集中在节能减排行业，这方面我和英国绿色银行有过交流，银行不愿意做这样的事情，银行现在追求贷款企业有 3A 级的信用评级，但这些企业可能还不太需要贷款来做节能，最需要资金做节能的企业反而得不到贷款，我们认为需要有相应的市场机制来做绿色基金的工作。

我有三个建议，一是加强政府政策、行业政策和金融政策的驱动；二是通过行业激励措施建立绿色基金；三是国家建立的亚洲基础设施投资银行，引导更绿色的投资导向。

政策应多引导绿色金融建设

余晓文*

十年前我开始研究企业社会责任。2008 年汶川地震时，有专家说这是中国企业社会责任的元年。汶川大地震中企业的很多行为和表现，促进了媒体对企业社会责任更广泛的关注。2014 年年底，我们看到绿色金融机构召开了论坛，所以我在想 2014 年是不是可以定义为绿色金融的元年，因为这实在是非常热门的话题。2013 年国际可持续发展研究院开始和中国社科院金融研究所共同研究绿色金融的话题，当时还不是特别清楚绿色金融是什么。我们也在思考中国做这样的研究到底应该研究什么。在第一阶段，我们把支离破碎的国际经验介绍给中国的研究者，找出了一些课题，把国际经验写成报告，通过研讨会的形式去分享。到下一个阶段时，我们又感到这太支离破碎了。2014 年年初，我们开始有了一个更完整的绿色金融体系思想，开始做各种各样的研究。

生态金融和政府的关系或者政府的角色按照现在的一个初步研究，究其本质是政策推动的绿色金融。绿色金融会涉及不同层级的政府金融机构、投融资者、其他利益相关者等多方主体，这些主体各自的诉求不同、利益不同、也会有更多的考量。政策制定者应该采用一系列的政策工具，厘清金融体系当中现有的问题和固有的偏见，来支

* 余晓文：国际可持续发展研究院中国办公室主任。

持绿色经济的发展。根据我们的研究，这些工具会形成一系列的工具包，包括指向性贷款、降低风险权重、强制性环境压力测试、更有效的环境风险披露、作为抵押担保享有优惠待遇的绿色资产、特别贴现窗口、政府财政补贴、绿色配额、信贷指引、信用担保、信用增信机制等等，不一而足。这是从政策工具的角度来讲，其实政府还可以发挥很多的引导性作用。

我们做过对比性的研究，认为基于绿色金融本身对生态文明建设的重要意义和积极的影响，有必要在整合资源的基础上，比照当前对农村金融和小微企业融资的支持力度来完善绿色金融现有的政策支持体系，推进各方面如财税、货币政策、信贷政策、产业政策的协调与配合，加强对金融机构开展绿色金融业务的激励和约束。绿色金融工作小组，一方面注重理论方面的基础研究，另一方面也注重这些理论在实践当中的应用，尤其是将刚才提到的各个利益相关方在绿色金融发展当中的角色定位和利益诉求进行综合考量，同时对两个子课题进行深入的研究，所以我认为现在正进行的很多研究具有互补的特点和优势，能在中国绿色金融未来的发展中起到推动和引导的作用。

关于 PPP 的课题，对政府来讲最重要的是要解决政府自身的定位和信用问题，以及政府自己的能力问题。因为 PPP 对中国不是很新的事物，过去很多经验教训表明，政府还有许多需要逐步解决的问题，如完善自身、提升能力和定位等。到底怎么做，目标在哪里，这还需要更多的研究。

政府在碳金融领域的角色分析

朱 学 群*

碳金融交易基于三个灵活的市场机制进行了很多创新。现在我国在这方面有很多积极措施，包括国家发改委2014年9月19日公布的《国家应对气候变化规划(2014—2020年)》，对很多指标以及发展计划都提出了具体要求。政府在碳金融领域有三个角色：引导者、监管者、间接参与者。

一是引导者。作为政府，在碳金融领域是责无旁贷的。政府在碳金融体系顶层设计和规划方面责无旁贷，也是应有为，有可为，有所为。目前做了几个方面的工作，包括七个碳排放权的试点，很多类似的碳交易机构、场所在逐步建立，包括北京环交所、产权交易所甚至林权交易所都在进行很有益的尝试。除了引导，政府还起到主导的作用。它在很多政策法规上、不同政府部门之间的衔接、信息共享上有一定的发言权，而且有很强的主导力。

二是监管者。政府也是非常有力的监管者。碳金融交易量这一两年呈爆发式增长。碳金融交易的主旨并不是为了交易而交易，而是为了减排增效。如果只提高碳金融方面的交易量则是舍本逐末，容易掉入碳金融交易量和碳排放指标同时增长的陷阱。

三是间接参与者。政府同时也是市场的参与者，既是运动员又是

---

* 朱学群：中华环保联合会绿色金融专业委员会碳金融事业部主任。

裁判员，这是无法避免的。在我国碳金融体系建立之初，体系还不完善的阶段，政府必须参与进来，所以政府成立了很多有政府背景的公益基金和相应机构参与到市场里，来引领我们的市场。

通过前面对政府作用的分析，可以得出四点建议，希望政府在后面很多领域里可以进一步加强：

第一，政府应通过增强激励机制、加大处罚措施来促进企业对污染治理加大投入，降低污染排放，促使其进行产品结构调整和技术创新。因为政府对排污成本进行调节的作用非常强，提高排污成本对排放企业有很大的刺激作用。

第二，创新碳排放量化核准方法。目前我们大多是借鉴和采用国外的标准。国外有很多成熟的体系，直接搬来甚至加以改进就直接使用，实际上还有很多可以创新的地方。比如现在有学者提出，要建立相应的生态币甚至生态积分体系，这可能比较宏大。在一个商品价格里，不只是体现出它的货币价值，还体现出它相应的生态权利与义务。将来有朝一日这个想法可能会实现，当你上网要去点击购买一件商品时，可能会提示你的生态积分不够。生态积分后面对应着你的生态权利与义务。这时就需要你去履行甚至定向履行生态义务。你可能需要去种一棵树、或骑车、或开电动汽车出行等。现在随着信息技术、网络技术发展，大数据、云计算技术发展的支持，很多东西都在慢慢加快实现。此外，政府还应该加强以下几方面工作，精简项目审批流程，有效降低碳金融交易成本，尽可能消除信息不对称，提高交易透明度。

第三，发展碳排放统一市场。目前碳排放市场建立之初还比较分散，甚至没有区域性的碳排放市场。建立全国或全球碳排放统一市场是个趋势，同时要积极培育二级市场，把碳排放权的收益惠及普通老百姓。

第四，创新碳金融期货及衍生品工具，完善科学自主定价体系。

银监会助力生态金融发展

叶　燕　斐*

在绿色信贷方面，银监会已经做了不少工作：

第一是在政策框架方面。在2007年，银监会印发《节能减排授信工作指导意见》,经过几年的实践，又在2012年配合“十二五”规划实施的基础上，出台了绿色信贷的指引：要求金融机构怎么支持绿色、低碳和循环经济，十八大报告采用了这个说法；在信贷活动当中更好地防范环境风险，督促银行的客服主动管控相关的环境和社会风险；银行业机构自身应更好地提升自己的环境和社会表现，包括碳足迹、节能、节水等等。

第二，能效信贷指引目前已经基本上起草完毕，已经进入会签的过程当中。能效信贷指引主要强调能效信贷对促进结构调整、企业技术改造和产品设备更新换代的重要性。根据各个部门的要求，明确了能效信贷的范围。并且澄清了能效信贷相关的风险防范、管理的一些要素，还有风险防范的一些要求。

特别是信贷指引里面专门提出来，银行业机构应该主动开展在信贷活动上贯彻能效信贷的理念，主动开展能效的筛查。比如一个固定项目贷款或者项目融资，在对这种贷款进行筛选的时候，要看这个项目或者固定资产设备能否达到一定的能效标准。如果能够达到国际上

* 叶燕斐：中国银监会统计部副主任。

先进的能效标准，应该优先支持；如果达不到最低的能效标准，就不应支持。

在我们国家的工业化、城镇化过程当中，需要大量的固定资产融资和项目融资，如果开展能效筛查的话，对于提高整个项目的能效水平、整个固定资产投资的能效水平、实现更高的经济增长是有利的。另外还有一个途径是发行绿色金融债券，可以提高绿色贷款和其他贷款。

银监会的实际做法是：

一是开展广泛的培训和分享国际上的良好实践。从 2007 年开始，大约每年开展两次专题培训，从过去的钢铁水泥，到一般的风险防范理念，再到最近能效产品的创新研讨会。

二是设定了关键的评价指标。这里面的指标包括一些定性指标，一些定量的指标，还有一些额外的指标。定性的指标规定董事会应该做什么，董事会里面应该批准相关的绿色信贷战略，批准相关的目标，并且有相应的董事，同时还有专门的委员会对绿色信贷开展情况进行定期的审查，董事会下面的薪酬委员会要考虑绿色信贷的成效。

三是推动银行自我评估。要求每两年对绿色信贷的情况做全面的评估，同时，根据指引和关键指标，还要开展绿色银行相互之间的评估。

什么样的项目属于绿色环保的项目，或者属于绿色信贷项目？我们建立了十二类的统计分类，这个统计分类也是在联合将近二十个部委的基础上，经过国内外专家讨论制定的，这里面包括：绿色农业、绿色林业、工业的节能节水、资源保护、垃圾处理、水效项目、绿色建筑、绿色交通、海外项目等等。

将来可能还有很多的挑战，比如激励机制、绿色债券、绿色信贷等，这些我们也都在慢慢地落实。

完善绿色金融发展的框架

安 国 俊*

这次 APEC 会议给环保业带来了很多机遇，包括降低了环境产业的关税，加快发展清洁能源、可再生能源，促进了这方面的投资。随着全球化和经济的快速发展，发展中国家都面临同样的问题：工业化、城市化、全球化转型、城市污染以及资源短缺的压力，迫切需要走可持续发展之路，未来我们需要通过多维度、联合跨国行动来实现可持续发展。

在推进环保产业发展方面，金砖国家开发银行和亚洲基础设施投资银行等新成立的区域性多边金融机构会发挥非常重要的作用，包括基础设施产业和高铁的发展。这里面融入了很多环保因素，对外投资、招商引资里推动对外绿色投资，在投资决策过程中也要充分考虑节能减排的要求。经济一体化的长三角、珠三角区域经济发展都离不开环保项目。环保投资的技术引进和水污染、土壤污染、空气污染的治理，都需要来自政府、市场、企业和国际力量的共同推动。

过去十年，中国的房地产业发挥了黄金产业的功能；未来十年，中国的黄金产业在哪里？我认为第一个就是环保产业，还有医疗、高铁、新能源、互联网。当然，这也离不开很多的元素，包括部委之间、部门之间的协调。

---

* 安国俊：中国社会科学院金融研究所副研究员、中国人民大学重阳金融研究院客座研究员。

目前，中国的城镇化在智能、绿色、低碳等方面已经达成共识。区域金融合作、财税金融政策、地方政府投融资政策完善无疑会提升金融对实体经济的扶持作用。过去大家比较关注新预算法的修订，其实新预算法修订后，地方政府财税体制改革和预算管理改革也在提速，这也给地方政府的市场化融资带来机遇，即市政债的发行。地方政府在环保产业方面的投资也缺乏资金，以市场化的国际经验来看，市政债的发行可以很好地解决地方政府在城镇化、环保产业投融资的问题。美国一般责任债和收益债都值得我们借鉴，在经济危机中，有很大一部分债券是用于环境工程和能源建设的。我们要有效借鉴国际经验，要有效完善三驾马车——信用评级、信息披露和在线保险制度的作用，从而推动市政债的发展和建立环保产业长期的融资平台。

从机制层面推进绿色金融体系的建设和发展。制度层面，需要为企业和市场探索碳金融市场提供交易平台，包括搭建教育平台、建立投融资机制、丰富市场参与主体、银行引导的信贷资金配置碳约束责任、更多参与碳交易市场和推出排放权期货衍生品等等。从机制建设和政策激励层面为碳交易出谋划策，从金融层面增强我国的碳交易能力等。扶持专业化的节能服务公司，包括税收支持、资产证券化、财税支持、金融扶持等。现在，我国已经有了北京环境交易所、上海环境能源交易所、天津排放权交易所等，这也为今后碳金融交易市场奠定了有效的基础。

完善绿色金融的发展框架和机制，需要借鉴国际经验和赤道原则。绿色生态环境需要法制来做基础，需要文化即环保理念以及绿色投资者网络的建设。

碳市场的风险与监管

刘 倩 钟旭茂*

随着2013年中国七省市的区域碳交易试点陆续启动，结合全国层面的自愿交易体系，碳交易成为我国实现减排目标的重要手段。在发展初期，我国碳市场存在机制设计风险、市场供给风险及违规操作风险。我国相关部门应尽快识别碳金融市场的风险，以保证有效的交易和定价机制，避免欺诈和价格操纵，平衡信息透明度及保密程度为基本原则和目标，尽早从监管法律、监管机构及监管权限、监管范畴、监管内容等多方面全面设计碳金融监管体系。

2013年中国七省市的区域碳交易试点陆续启动，并确定了建立全国碳市场的发展方向。由于碳市场相对发展还不成熟，预期寿命不确定，波动性较强，且由于碳市场发展历史较短，缺乏长期的定量数据记录，市场上几乎没有为参与者提供风险管理工具。因此，为保护碳金融市场的健康发展，应识别碳金融市场的风险，并尽早设计碳金融监管体系。

---

* 刘倩：中央财经大学财经研究院气候与能源金融研究中心副主任、副研究员；钟旭茂：中央财经大学财经研究院硕士。

一、识别碳金融的市场风险

（一）机制设计风险

1. 配额供给风险

实践证明，配额过度分配或是分配不足都会打击市场信心。此外，部分金融市场参与者担心如果未来衍生品的数量迅速增长，以至于金融合约数量超过了发放的配额数量的总和，也会对碳金融衍生品市场产生不利影响。

2. 履约目标偏离风险

碳市场设计的初衷是应对气候变化，高效地实现经济体的节能减排目标。因此，对于市场主要参与者，即需要履行减排目标的企业、投资者、金融工具的设计者而言，碳市场的发展与节能减排总体目标之间的关联度尤为重要。任何来自碳市场的微观市场行为以及宏观发展上与节能减排的总体目标背道而驰的评价都有可能对市场的长期、有序发展带来不利的影响。

3. 市场链接风险

分散发展的市场不可避免地要面临各市场之间缺乏联系的问题，这也被认为是限制市场进一步发展的主要障碍。分散交易体系面临的一个重要问题就是如何围绕共同的标准发展，以增加整个碳市场的流动性、透明度和市场发展的深度。当前，在全国碳市场顶层设计阶段，七个区域碳市场在未来将执行怎样的角色值得关注。未来，整个碳市场的流动性有望随着在国际市场间建立有效链接，以及在各地区、各政府间实现更广泛的注册链接而得到提高，这些链接的容量和有效维护对于市场的有序运作至关重要。

（二）市场供给风险

1. 参与主体风险

碳市场发展历史较短，缺乏有规律性的数据积累和成熟的避险工具，对参与风险管理的企业带来了更多的不确定性。同时，对于一个年轻的市场，无论是市场设计者、操作者的经验积累都非常有限，受管制的公司和投资、咨询机构也缺乏相应的人才储备和能力准备。这些因素都可能导致市场操作失误或出现事故的几率提高，从而损害投资者利益。

2. 产品供给风险

目前，全球碳交易包括配额交易和项目信用两种。项目交易包括一级、二级 CDM 交易和 JI 交易。CDM 和 JI 二级市场主要是由碳基金投资行为建立的规模庞大的不受国际法约束的碳金融市场。在不同机制下形成了不同产品的同时，又形成了在交易所等平台上完成的场内交易和交易平台之外的场外交易，且衍生出包括远期、互换、期货、期权等产品，呈现出以碳货币证券化和发展为套利交易产品的趋势。如何衡量这些金融产品的质量将会成为方法和评估技术上的难题，这种技术上的不确定性将使碳衍生品交易变得更加不透明，更易于隐藏和传递风险。

3. 流动性风险

流动性风险很可能是中国碳金融市场发展将面临的最大问题之一。一般情况下，市场围绕着具有较高流动性的交易所运行。这取决于市场本身的商品化程度，参与者的多少，以及产品是否足够丰富，从而使较多的参与者针对丰富的产品寻求风险管理解决方案。如果市场的发展致使交易工具的可替代性低，进而导致流动性分散，则会有损市场信心。低流动性阻碍了参与者自由交易，会给市场和潜在投资者带来风险。

4. 信息不对称风险

市场发展有序性很大程度上取决于市场参与者以及公众是否能够及时、准确地获得对于交易规模、质量、价格等方面信息。在不成熟的碳金融市场，会存在大量信息不对称的情形，市场交易一方利用掌握信息的便利条件，使自身获益而使交易另一方受损的风险大量存在。

（三）违规操作风险

除了市场发展初期这些有代表性的市场滥用行为之外，未来有可能出现的违规操作风险一般可以分为以下几类：第一，利用碳市场作为工具的严重犯罪行为，比如欺诈、洗钱、为恐怖活动筹资等。第二，以碳市场为目标的盗窃犯罪行为，包括利用网络钓鱼或者黑客攻击登记系统来盗取账户中的配额或减排信用。第三，金融市场违规行为，包括操纵市场和内幕交易等。

二、碳金融监管的侧重点

无论是从碳金融市场的可持续发展、相关经济部门和市场稳健发展还是从公共利益出发，碳金融监管必须能够保证有效的交易和定价机制、平衡信息透明度及保密程度、避免欺诈和价格操纵。

（一）保证有效的交易和定价机制

有效的交易和定价机制是市场成熟发展的根本，因为碳市场价格及其传导机制直接影响排放企业、碳市场投资者及相关能源、高新技术等市场的投资决策。因此市场是否能够形成一个权威的价格信息放射源成为关键。一个流动性更强的市场上，众多的交易者通过其买卖行为将信息带到了价格决定过程之中，形成的价格发现机制是最有效的。

按照我国目前的碳市场推进安排，在全国并未出现统一的交易机制和具体标准时，会出现一些竞争性的交易所。如我国现有的期货交易所和发展比较好的环境能源交易所，先后介入碳市场交易机制的设计和运作。竞争使得市场交易成本逐步下降，进入市场方式更加简洁，市场运行系统和交易流程更加高效。一般情况下，市场交易发展的规律是交易额逐渐集中于一个中心市场之上，从而达到更强的流动性。随后一些市场竞争者逐步降级成为次级的小众市场，中心市场通过电子设备与若干次级市场建立链接或通过兼并的方式逐渐减少参与的交易所数量，从而逐步实现市场的整合。

（二）平衡信息透明度与保密性

如何在碳市场信息透明度和保密性之间找到平衡，这是政策制定者较难把握的问题。当市场透明度超过一定程度，信息的披露可能会超过投资者可以负担的合理成本，或者破坏了交易参与方的保密性而对市场有害。例如，在很多交易市场上，大型交易者为了防止其他交易者在其进行交易的时候也跟风，模仿其交易决策进行交易，会选择匿名交易，从而避免增加交易成本。为了及时监管市场风险，很多监管机构必须要掌握市场参与者不愿意提供的信息。在碳交易市场，政府部门可以获得大量的价格敏感信息，比如负责设定和分配配额的部门将掌握所有有关配额数量的信息，也将会获得企业现实排放量的信息，这些信息都会对市场价格信号产生关键的影响。对这类信息需要设计披露程序和相关法律条款以保证不会产生提前泄露信息的问题。

（三）避免欺诈、内幕交易和价格操纵

对排放权交易的监管需要考虑欺诈、内幕交易和价格操纵行为，交易者或中介商对其他投资者的欺诈、内幕交易以及长期持续的价格

操纵，会损害市场参与者和消费者的利益，危及整体市场发展。

通常指定交易所或其他交易平台进行的交易在传统金融监管部门的监管之下，可依靠原有的证券市场和衍生品市场的监管经验及其监管功能的延伸以防止投资者诈骗。但场外市场的碳交易参与者一般在该领域不具备丰富的投资经验，因此，对这一市场参与者的监管和保护需要有针对性地设计更为详尽的监管框架，完善相关的法律法规。

在我国碳市场试点时期开始应确保市场免于信息提早披露、滥用对市场价格的冲击。同时，也需要根据不同市场类型明确内部碳市场的“内部消息”“局内人”的具体定义，进而修改相关的立法或者单独设立法律法规，明确对拥有实质未公开信息的企业实行信息披露的具体要求。

配额市场同样会面临垄断和市场挤压的风险，这一点不言自明。但更加复杂的是，由于能源市场与排放权市场是紧密联系的，未来也有可能存在跨市场的价格操纵问题。对这类问题的监管也应该通过与能源市场监管部门的协调尽早考虑到市场监管框架之中。由于一般有操作市场意图的交易者会通过在场外交易市场(Over The Counter，以下简称 OTC)积累市场势力，因此预防透明度普遍不高的 OTC 市场的价格操纵也必须在监管政策制定者的考虑之内。

监管机构应保证生态金融的资源分配

拉尔夫·塞缪尔·托马斯*

生态金融是人类重塑自然发展与环境保护的里程碑，是我们取得全球生态文明和福祉的重要一步。人类面临很多外部的威胁，比如战争和疾病，但人类也有对环境的错误利用，现在我们很容易把这些环境威胁视为可以延迟，所以很多国家都在追逐利益，发展自己的经济。但是，在当今世界，所有的东西都是相互联系的，我们要采取的行动，如果影响了环境，那么一个国家的行为就会影响到另一个国家的气候情况和其他方面。

中国古代的伏羲曾经说过，如果有人给世界带来福祉的话，那世界也会给他们带来福祉；如果有人损害了世界，那么世界也会损害这些人。这样它就展示了，如果在世界上进行自私地发展，这在当今世界是行不通的。对于发展生态金融，有如下几个因素需要考虑：

第一，公共政策要指向环境问题，而且公众认为，政府和机构必须解决环境问题，从国家及世界的层面都是如此，而且这个问题非常紧迫。

第二，新技术的出现催生了一些新的信贷机会，而这些新的信贷是我们专业金融和新资本资源所需要的。我们需要快速地进行工业化和城市化，这一进程也使国家和全世界的经济大幅增长，他们需要更

---

* 拉尔夫·塞缪尔·托马斯：牙买加驻华使馆特命全权大使。

多的金融支持，但有些时候，比如中国经济的发展会带来空气的污染，有毒废弃物的排放，对整个世界的环境造成影响，人们的健康也受到影响，这都需要我们考虑进去。

第三，我们要建立一些大型的项目，把全球化和全球供应链联系起来，给大家提供更多的机会，让政策制定者和金融从业人员重塑全球的生态系统，方式就是进一步使用生态金融的手段。城市化发展加速传统能源的消耗，给我们造成了更多的威胁，会造成食品短缺以及资源短缺。所以，现在重要的是，银行间机构以及金融机构需要共同合作，控制资源的流向，提供更重要的工作机制来改变我们固有的工作方式，重塑绿色经济。

银行家们应该把重点放在可持续的借贷方式上，推进有利于生态的借贷，接受专门的培训，并增加监管人员的监管能力，贷款方承担一定的法律责任。许多国家都有这种做法，它应该得以强化，金融机构应该惩罚那些破坏环境的人，将他们绳之以法，这些公司和个人应该负起责任，行动起来，促使经济和环境良性发展，使破坏环境的人付出巨大的代价。现在需求大幅度增长，全球资金的提供推进了全球项目和技术的发展，这将会加速经济的转型。银行家们应该要求公司将其商业模式变得对生态更友好，这样才能获得金融的支持，才能提供相关的战略性商业模式，来达到绿色发展的目的。

每一个公司都需要改变自己的营业模式，这是个关键点。发达国家工业化以及大型发展中国家的工业化造成的气候变化风险，对自己和其他国家都造成了影响，特别是对那些弱势的小岛国来说影响更大，如有些小岛国因为海平面上升，导致国土消失，他们的经济受到了影响，这就需要一个政治性的解决方案和协作一致的全球经济反应。同时，还需要转换金融资源，因为很多国家在面临重大的减排机会时，由于没有资金而无法实施，所以我们要给他们提供更多的金融支持。

不正常的极端气候、海平面的上升、洪水以及泥石流、台风、海啸等自然灾害以及相关人口、经济干扰都是人类现在面临的巨大威胁，气候变化现象创造了更多的金融需要，提供这些金融服务的机构需要相互协调，进行生态金融的工作，才能催生创新性的金融产品来应对气候变化问题。一个紧急的问题就是环境污染来自污染的国家，而且相关的金融部门应该完成以下工作，小岛国和发展中国家亟须经济增长，他们可能会面临因为气候变化而造成危害的投资，所以，很可能重工业国家的污染性公司在那些弱势国家会找到天堂，以保证他们继续旧的商业模式，而不是把旧的商业模式变成新的商业模式和新的技术。

作为东道国，对于环境和气候必须加以关注，限制污染企业迁移到发展中国家，并且要强化公司在社会责任方面的要求，对那些到海外投资的公司，要求他们履行社会责任，生态金融可以起到关键的作用，能够重塑并且恢复那些新技术公司的活力。这些机构也应出资十亿美金来支持海外环保项目的投资，金融服务监管必须改变，以促进大幅创新，推行审慎的贷款计划、金融工具，特别是和生态金融相关的金融活动必须确保资源的良好分配和管理。借贷质量和风险控制应该进行量化，并且进行良好控制，应该规避这些风险，而且这些政策、市场要不断深化信息、知识的交流，搭建新型的贸易平台，市场监管能够扩展到贸易方面，并且增加市场的资本流动性。现在风险评估机构应该起到重要的作用，评级机构应该支持生态系统的发展，来提高新型生态金融正确分配。

现在政府应该把控的方向，是帮助这些金融机构，打造一种转变方式，这是全世界都需要的，是非常紧急的工作。当我们这样转变的时候，这是非常必要的，它是我们能否成功解决气候变化问题的前提。

环境保护财政支持：环境保护建设的核心

石　磊　谭　雪　陈卓琨*

环境保护投入是环境保护事业发展的物质基础，其中财政支持是环保事业建设的重要保障。《国家环境保护“十二五”规划》中明确提出未来五年全社会环保投资需求约3.4万亿元。就目前我国经济发展状况而言，3.4万亿元的投入并不足以响应我国GDP的较快增速。因此，要依靠国家财政支持，加大环境保护投入，完善环境保护相关政策体系和财政制度安排，切实推进环境保护事业发展。

一、我国环境保护财政投入现状分析

在环境保护的投入中，政府财政投入具有明确的政策导向和示范意义，社会性环保投资往往取决于政府财政支出的水平和力度，因此环境保护的财政支出对于环境保护工作的开展至关重要。我国真正将环境保护投资纳入财政体系时间尚短。2006年，环境保护正式纳入到我国的财政预算；2007年，我国首次单独设立了“211环境保护”支出功能科目，当年我国环境保护财政支出995.82亿元，到2012

* 石磊：中国人民大学环境学院环境经济与管理系系主任；
谭雪：中国人民大学环境学院博士研究生；
陈卓琨：中国人民大学环境学院硕士研究生。

年，增长至2963.46亿元，增长了2.98倍。环境保护经费投入严重不足依然是我国环境保护事业发展的主要瓶颈。《国家环境保护“十二五”规划》(以下简称“十二五”规划)中预测全社会环保投资需求约3.4万亿元。3.4万亿元的目标能否给我国未来环境保护事业发展提供足够的经费支撑？其中财政性投入需要多大力度，才能带动社会环境保护资金合理配置？我国的环境保护事业是否还需要更加开放的改革思路，这些问题都需要深入探讨。

二、我国环境保护财政投入现状特征

（一）环保投资占GDP比重稳中有升

随着对环境保护的重视程度不断提升，国家对环境保护的投资也逐年攀升，特别是20世纪末期，环保投资的总量有较为快速的增长，1999年环境保护投资额占全国GDP比例首次突破1%，到2012年该比例达到近1.59%。总体趋势上，随着经济稳步增长，环保投资在GDP的比重呈现出稳中有升的趋势(见图3-1)。

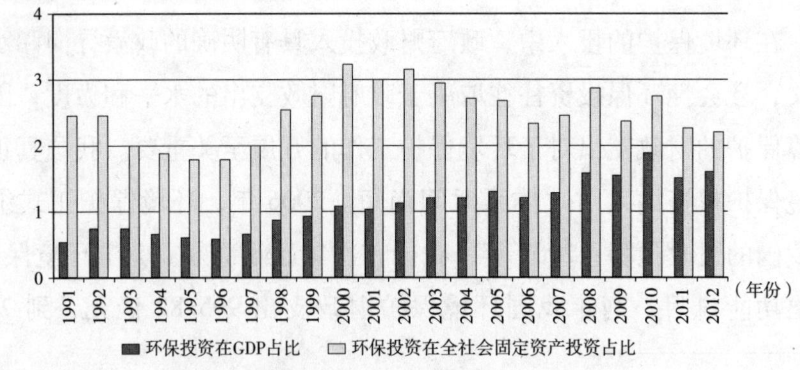

图3-1　1991—2012年我国环境保护投资情况

资料来源：根据1992—2013年《中国统计年鉴》整理而得。

（二）环保财政投入总量增长但比重偏低

自2007年单独设立“211 环境保护”支出功能科目以来，我国财政中用于节能环保部分的支出一直稳步增长，从2007年的995.82亿元到2012年的2963.46亿元，平均年增速20%，其中中央资金平均年增速31%，地方性财政资金平均年增速为19%。尽管环境保护财政投入持续增加，但是占GDP比重却仍旧偏低，2007年环保财政投入占GDP比重为0.37%，2012年该比重增加到0.57%。

（三）环保财政投入集中于污染防治

作为政府性环保投入，其支持的领域应体现公益性、示范性的特点，从而体现财政资金的特点。就我国而言，环境保护财政投入主要用于环境污染治理投入、能源管理与资源利用、生态保护、环境保护管理事务等方面（见图3-2）。就具体财政支出项目而言，支出比重较大的科目依次为污染防治（2012年占比27.69%）、能源节约利用（2012年占比18.18%）、污染减排（2012年占比12.03%）、退耕还林（2012年占比9.81%）、自然生态保护（2012年占比5.74%）等。

三、加大环境保护投入的必要性分析

就我国现阶段环境保护事业的发展来看，从今后相当长的一段时间内，我国环境保护投入主要面临两大任务：一方面是尽快解决环境欠账问题，如待审未批的环保工程项目款项资金、资金落实不到位等；另一方面是必须为环保事业建设提供进一步的财政支持，完善环保投资结构。

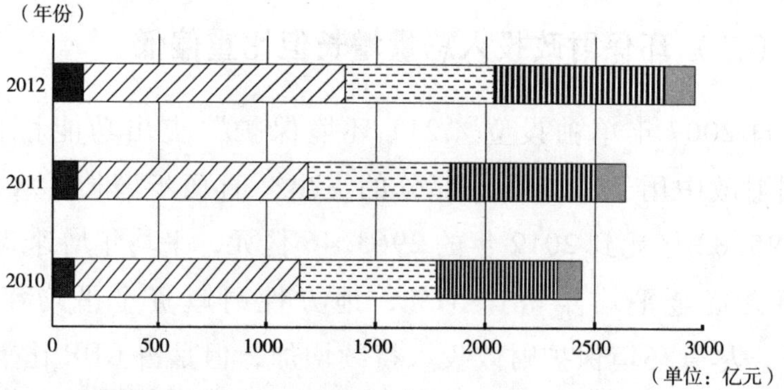

图 3-2 我国环境保护财政投入结构图①

资料来源：根据《中国统计年鉴(2013)》整理而得。

（一）加大财政环境保护投入是经济社会可持续发展的必然要求

环境保护事业作为公共服务离不开国家财政的支持，目前我国环境保护投入主要依靠政府财政拨款，但随着财政体制改革，政府财政汲取能力下降，导致财政中用于环境保护投入的部分在 GDP 的占比长期偏低。我国的财政性环境保护投入，依旧是问题导向型的应急式投资，缺乏长期持续的、稳定的资金投入作支撑。同时，目前我国转移支付体系尚未完全建立，地方政府在履行公共服务职能中面临着巨大的财政压力，用于环境保护的资金缺乏有效的收入保障，地方政府财政面临较大的收支矛盾，导致其无力维持地方财政环保投资的持续增长。

李克强总理在第七次全国环境保护大会讲话指出：“各级财政要

① “环境监测与污染防治”包括支出科目：环境监测与监察、污染防治、污染减排；“生态保护”包括支出科目：自然生态保护、天然林保护、退耕还林、风沙荒漠治理、退牧还草；“能源管理与资源利用”包括支出科目：能源节约利用、可再生能源、资源综合利用、能源管理事务。

把环保投入列入年度预算，并保持合理增长幅度；国家财政资金和预算内投资都要增加环保能力建设投入。”① “十二五”规划中着重强调要把环境保护列入各级财政年度预算并逐步增加投入，要强化各级财政资金的引导作用。因此可以预见未来环境保护投入资金中的财政部分必须有所提升，才能够更大发挥其政策导向作用。

（二）与其他公共支出相比，环保投入比重有待提高

2012 年，我国累计公共财政支出总额 12.59 万亿元，民生等重点支出中比重最高的前三项分别是：教育支出（16.84%）、社会保障和就业支出（9.98%）、农林水事务支出（9.47%）；而排序最低的后三项分别为科学技术支出（3.52%）、节能环保支出（2.33%）、文化体育与传媒支出（1.79%）。从增速排序来看，增速最快的是教育支出，比 2011 年增长 28.3%，而节能环保支出依旧排在末尾，比 2011 年增长 11%（见图 3-3）。

以教育支出为对照，同样作为公共服务支出科目，教育经费一直以来远远高于环境保护支出，2012 年我国财政中教育支出与节能环保支出相差 6 倍以上（见图 3-4）。财政资金支持不足，直接影响环境保护工作，并且制约对社会环境保护资金的拉动效应，导致环境保护资金总体投入偏低。

（三）与其他发达国家比较，环保财政投入需要增加

2012 年，我国环境保护投入总额约为 8253.5 亿元人民币，占 GDP 比重约 1.59%。相比而言，美国 2000 年环境保护投资占 GDP 比重就已达到 2.6%，差距明显。而与其他中国环境与发展国际合作委员会（China Council for International Cooperation on Environment and

① 《李克强在第七次全国环境保护大会上的讲话》，2012 年 1 月 4 日，见 http：//www.chinanews.com。

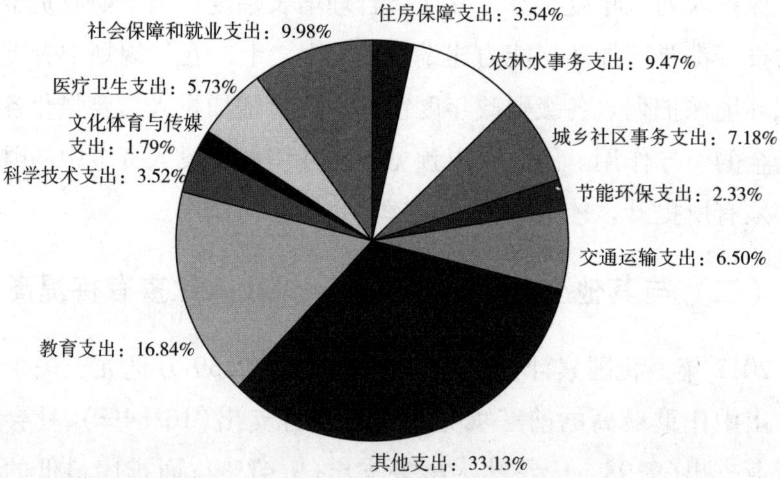

图 3-3　2012 年我国公共财政支出结构

资料来源：根据《中国统计年鉴(2013)》整理而得。

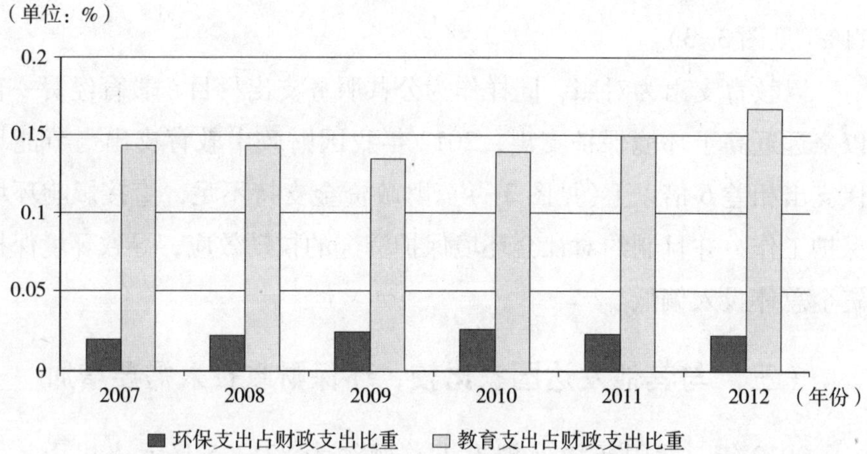

图 3-4　财政支出中环境保护支出与教育支出比较

资料来源：根据 2008—2013 年《中国统计年鉴》整理而得。

Development，以下简称 CCICED)成员国的比较可以看出(见表 3-1)，我国目前环境保护资金中的财政资金比重较其他国家还有差距，应逐步提高环保投入比重。

表 3-1 CCICED 成员国（2006）与中国（2012）财政支出中环保支出比重（单位：%）

成 员 国	英国	日本	转型三国	中国
环保支出占财政支出比重	3.4	3.2	2.6	2.3

注：转型三国包括：匈牙利、捷克和波兰。
资料来源：OECD Fiscal federalism network，见 http：//www.oecd.org/tax/federalism/。

四、“十二五”我国环境保护投入需求分析

参考世界发达国家经验的同时，考虑我国目前发展阶段的经济、社会现实，对“十二五”我国的环境保护事业发展投入需求作出如下估计(见表 3-2)。

表 3-2 “十二五”期间我国环保投资预测

	年 份	GDP（亿元）	环保投资占 GDP 比重 2%		环保投资占 GDP 比重 3%	
			环保投资（亿元）	环保投资中财政资金占比	环保投资（亿元）	环保投资中财政资金占比
	2010	399760	7612	32.08%	7612	32.08%
经济增速7%	2011	427743	8555	35.68%	12832	23.79%
	2012	457685	9154	41.68%	13731	27.79%
	2013	489723	9794	48.70%	14692	32.46%
	2014	524003	10480	56.89%	15720	37.93%
	2015	560683	11214	66.46%	16821	44.31%
	“十二五”总计	2459836	49197	50.92%	73795	33.95%
经济增速8%	2011	431740	8635	35.35%	12952	23.57%
	2012	461962	9239	41.30%	13859	27.53%
	2013	494299	9886	48.24%	14829	32.16%
	2014	528900	10578	56.36%	15867	37.57%
	2015	565923	11318	65.84%	16978	43.89%
	“十二五”总计	2482826	49657	50.45%	74485	33.63%

资料来源：根据《中国统计年鉴(2013)》整理而得。

按照《中华人民共和国国民经济和社会发展第十二个五年规划纲要》中规划经济增速为7%，根据以往发展趋势可以估计实际经济发展速度可能超过规划速度，因此假定经济增速为8%。参照国际经验，当环保投资占GDP比重为2%—3%时，环境质量才可能会改善，因此设定不同情景。“十一五”期间我国财政用于环境保护方面的支出年均增速25%，假定我国“十二五”期间财政支出中环保支出总量平均增速与“十一五”时期持平。“十二五”时期，当我国经济增速为规划速度7%时，环境保护投资总需求约为4.9万亿—7.4万亿元；当经济增速为8%时，环保投资总需求约为5.0万亿—7.4万亿元。无论何种情景之下，我国环境保护投资总需求都远远超过3.4万亿元。并且预测，“十二五”时期环境保护投资中财政资金需求约为2.5万亿元，占国内生产总值应达到1%。

五、我国国家财政性环保投资的对策分析及建议

环保投入是环境保护事业发展的物质基础，其中，财政支持是开展环保工作的重要保障。依据“十二五”时期我国经济稳定发展，要满足国家环境保护战略和人民对环境质量的基本诉求，3.4万亿元的环保投入尚显不足。要切实改善生态环境质量，实现环境保护与社会经济发展协调可持续，必须依靠国家财政支持，加大国家财政中的用于环境保护的支出，完善环境保护相关财政制度安排。

首先，建立长期稳定环境保护投入的经费增长机制，提高政府环保投入能力。根据对“十二五”期间我国环保投入的需求预测，要实现环境保护目标，就要协调经济的快速发展与环保投入需求的关系，提高环保在财政支出中的比重，建立长期稳定的经费增长机制，高度重视环境保护工作，建立环境保护支出与经济发展、财政收入双向响应机制，稳步提升环境保护财政支出额度，逐步提高环境保护支

出占财政支出比重，确保环境保护投入增速高于经济发展速度。

其次，优化环保财政支出内部的比例结构，既抓住重点，又统筹兼顾。尽管在全国公共财政支出的节能环保项目中，环境污染防治比重较大，但是其他项目支出明显不足，例如噪声和辐射治理方面。因此，政府应在环保财政支出总量得到确保的基础上，对环保财政内部的各项支出比例进行优化，各项工作要统筹兼顾，实现经济效益、社会效益和生态效益共赢。

最后，还应拓宽融资渠道，建立以财政资金为导向、多方参与为主力的环保投入机制。完善环境保护资金来源结构，还可建立相关环境保护专项基金，提高排污收费征收标准，充分发挥排污收费制度的杠杆作用。单纯的政府与市场二元化方式已经不能满足我国现阶段环境保护的需要，必须拓展思路，进行制度创新，将政府管理与市场机制有机结合起来，多渠道筹集环境保护投入所需资金，提高环保投资效率。

建议设立国家土壤修复基金

蓝　虹*

我国污染土壤的修复面临巨大的资金缺口。“污染者付费”原则应是土壤修复遵循的基本准则，但由于历史原因等因素，我国污染土壤存在修复责任主体不清晰等问题，再加之土壤污染具有隐蔽性、持久性、滞后性和复杂性，容易引发环境公共事件，及时救济需要政府性资金的介入和支持。因此，有必要设立我国的国家土壤修复基金。考虑到传统政府性基金的缺陷，建议借鉴美国超级基金的经验，建立我国的国家土壤修复信托基金。

一、中国污染土壤修复存在巨大资金缺口

我国土壤污染类型包括农业耕地污染、城市棕色地块污染以及矿区土壤污染。第二次全国土地调查结果显示，我国已有333.33万公顷耕地因遭受污染而不宜耕种，约有1600万公顷农业耕地遭受农药污染，污水灌溉耕地216.7万公顷。除了农业耕地，随着城市化进程加速，许多原本位于城区的污染企业从城市中心迁出，产生了大量城市棕色地块。世界银行报告显示，北京、重庆及深圳等城市近几年工业搬迁遗留的场地中有近20%的

* 蓝虹：中国人民大学生态金融研究中心副主任、环境学院教授、博士生导师。

场地存在较严重污染。矿区开发和废弃矿区中的污染物也会通过大气、水、固废丢弃等形式造成土壤污染。但目前我国废弃矿山的复垦率仅达10%，需要土壤修复的废弃矿山面积约150多万公顷。

根据环保部公布的土壤污染资料对全国土壤修复所需资金进行估算，按最低修复成本测算，农业耕地、重金属矿山、工业污染土壤的修复资金需求分别达到25万亿元、3.46万亿元、9.5万亿元，合计为38万亿元。但据统计，目前土壤修复行业的每年市场资金投入不到40亿元，据此计算完成中国土壤修复治理任务需要近一万年！根据《全国土壤环境保护“十二五”规划》，“十二五”期间用于全国污染土壤修复的中央财政资金为300亿元，支持范围包括受污染耕地、城市棕色地块及工矿区污染场地。300亿元对于我国治理土壤污染所需的几十万亿资金来说只是杯水车薪，我国土壤修复存在巨大资金缺口。

从国际经验来看，由于对固体废弃物危害的认识是一个渐进的过程，处置方法也在逐渐演进，各发达国家在工业化几十年后，都出现了早期任意填埋固体废弃物所导致的严重土壤污染问题。而且如果固体废弃物渗透进入地下水层，土壤修复成本就更为巨大。因此，各发达国家的土壤修复行业都很兴盛。

目前，世界上发达国家土壤修复产值已经占其环保产业30%以上，美国甚至达到50%。而中国土壤修复市场规模不到40亿元，2013年环保产业产值约为8000多亿元，土壤修复产值尚未达到环保产业的1%，由此足见我国土壤修复行业与国外的巨大差距。土壤污染不仅会带来食品安全问题，而且会对人体健康和社会稳定产生巨大影响，特别是土壤污染经常会通过渗透导致地下水污染，而很多城市都是以地下水作为饮用水源。因此，土壤污染必须及时治理，否则，将无法保障我们的饮用水安全。

二、土壤修复需要政府性资金支持

“污染者付费”原则是土壤修复应遵循的基本准则。对于中国在城镇化进程中造成的大量棕色地块修复问题，2012 年，环境保护部、工业和信息化部、国土资源部、住房和城乡建设部联合出台了《关于保障工业企业场地再开发利用环境安全的通知》，规定未经治理修复或者治理修复不符合相关标准的土地，不得用于居民住宅、学校、幼儿园、医院、养老场所等项目开发。被污染场地未经治理修复的，禁止再次进行开发利用，禁止开工建设与治理修复无关的任何项目。

随后，国家对于土壤污染问题连续出台了四个标准和一个办法，即《场地环境调查技术规范》《污染场地风险评估技术导则》《污染场地土壤修复技术导则》《污染场地环境监测技术导则》和《污染场地土壤环境管理办法》。这些技术规范和导则进一步明确了土壤污染评估和修复的标准，规范了土壤修复的市场技术标准。

目前，土壤修复市场主要是政府付费的景观整治和房地产开发商为了满足居住用地环境标准所开展的土壤修复工作。在此过程中，房地产开发商所开发的场地往往是直接购买化工和石油等行业的污染场地。在这些污染行业搬迁售卖土地时，由于明确是需要治理的工业用地，在价格上已经把土地修复成本考虑进去。因为土壤环境状况已成为土地市场价值的一部分，所以无论这些污染企业选择自行修复所有场地的污染土壤，还是选择进行土地交易留给后续开发商进行土壤修复，最终仍是污染企业承担土壤修复成本，符合“污染者付费”原则。

但是，土壤污染具有和大气污染、地表水污染很不一样的特性，土壤污染具有隐蔽性、持久性、滞后性和复杂性。大气和地表水由于具有较强的自我净化能力，因此，历史时期的污染很难仍然作用于现在，所以我们现在的大气污染、地表水污染，其污染源都是来自现在，这样我们就比较好确认污染者。而土壤污染的发作具有滞后性。因为污染物埋藏在地下，其污染特性不会立即体现出来，但同时，土壤几乎没有自我净化功能，反而具有毒性的累积功能，特别是很多不可降解的化学物品或者重金属埋藏在地下，几十年过去后，或者因为雨淋渗透进地下水，或者因为地壳运动污染物上移暴露出地面，并带出大量积压的危险气体，对人体健康产生极大危害。这意味着，土壤污染事故爆发的时间，往往离其最初填埋污染物的时候已经过去几十年。比如 2014 年 4 月爆发的兰州水污染事件，据报道，自流沟周边地下含油污水形成的原因有两个：一是原兰化公司(中石油兰州石化公司的前身)一渣油罐在 1987 年发生物理爆破事故，有 34 吨渣油渗入地下；二是原兰化公司一出口总管道曾于 2002 年发生开裂着火，泄漏的渣油及救火过程中产生的大量消防污水渗入地下。由此可以发现，此次自来水苯污染事故的污染源应该是 28 年前和 13 年前中石油的渣油罐泄漏，泄漏的污染物不是直接排向水体，而是渗透到地下，从而污染了土壤。也就是说，这次水污染是土壤污染导致的地下水污染事件。

在 2012 年之前，棕色地块再开发可参考的标准有 1996 年的《土壤环境质量标准》、1993 年的《地下水质量标准》、1999 年的《工业企业土壤环境质量风险评价基准》。其中，《土壤环境质量标准》只规定了农业土壤标准，并未涉及棕色地块再开发土壤标准；《工业企业土壤环境质量风险评价基准》也不包含再开发和居住用地开发土壤标准。加之历史上土壤标准模糊和固废处理技术路线陈旧，监管不严格，很多污染企业固废处理采取就地填埋，向江河直接倾倒的方式，污染物经过转移严重污染了土壤。

因为污染行为的发生和污染影响的产生之间的间隔时间较长，且在 2012 年前我国在土壤污染管理方面法律也存在缺失，很多污染土壤因为时间过长，已经找不到污染责任人，在这种情况下，“污染者付费”的资金追偿机制就无法发挥有效作用，需要政府性资金的介入和支持。

三、建议设立国家土壤修复基金

我国污染责任不明晰的污染土壤数量巨大，并且土壤污染可能引起突发性环境公共事件，这就需要政府做好应急准备，一旦发生事故，就需要立即进行评估、治理、修复、赔偿等工作，需要足够多的资金作为救济保障，可考虑设立国家土壤修复基金对此加以解决。政府性基金以财政拨款、行政收费方式筹集资金，资金来源具有长期稳定性，符合土壤修复和赔偿所需资金的要求。因此，土壤修复基金应以政府性基金为主要模式。

需要注意的是，传统政府性基金在解决土壤修复问题上存在不足。

第一，基金资金来源单一，没有吸引私人资金投入。仅仅以拨款和行政收费作为资金来源将会大大加重政府治理土壤修复的财政负担。

第二，缺乏独立核算功能。基金收入上缴国库由中央或地方财政部门统一管理，进行统一核算，与土壤修复支出缺乏对应关系。这种管理模式会模糊基金用途，可能造成土壤修复基金挪作他用。土壤修复基金涉及修复技术评估、成本核算等专业问题，若采取传统的政府性基金形式，将会由于缺乏专业部门指导造成土壤修复基金使用效率低下。

第三，不具备追责功能，弱化“污染者付费”原则在土壤污染赔偿过程中的作用。我国政府性基金均根据基金管理办法建立，而基金管理办法的法律强制力较低，对于产权模糊、需追索确定污染责任人的土地和突发土壤污染事件而言，无法追讨污染者责任。

第四，土壤污染可能引发突发性事件，需要大量资金进行及时救济。现有政府性基金没有收支独立核算系统，需要按财政支出申请模式层层审核，不具备立即支付功能，无法满足救济所需的及时性。

因此，我国的国家土壤修复基金应借鉴美国政府性信托基金运作模式。美国政府性信托基金是受法律限制、用于特定用途的专项基金。政府性信托基金的信用托付体现在公众支付特定税收和费用来换取政府在公共管理领域的某些行动。其中，美国超级基金的设立对于我国构建国家土壤修复基金具有重要的借鉴意义。

美国超级基金分为两个信托基金——危险物质反应信托基金和关闭后责任信托基金，并以责任制度作为两个信托基金运行的保障。责任制度是通过法律《综合环境反应、赔偿与责任法案》《超级基金修正案和再授权法案》建立的，具有严格的、连带的和回溯的法律责任。超级基金的资金来源包括石油化工税、环境税、财政拨款、基金贷款利息、违规责任主体罚款、污染土壤修复债券发行收益等。超级基金主要由美国环保局管理，采用联邦和州结合的融资方式，由固体废物与应急办公室负责具体实施。其中，紧急管理办公室负责超级基金授权下的短期项目；超级基金补救和技术革新办公室与联邦设施反应和再利用办公室负责超级基金的长期项目。

浅析应对气候变化的技术政策

许光清　郭沛阳*

本文首先介绍了技术在应对气候变化中的作用；其次分析了锁定效应和路径依赖的存在使新技术难以取代原有技术，以及导致新技术投资量不足的原因，进而说明了政府在技术创新中的作用和实施技术政策的必要性；再次，按照技术生命周期理论，本文提出了针对不同阶段的技术政策建议；最后，总结了系统性、长期性、连续性、灵活性等政策的实施要点。

一、技术在应对气候变化中的作用

气候变化已经对全球经济、社会和生态环境造成了严重的影响，应对气候变化成为全球共同面对的挑战。应对气候变化主要包括减缓气候变化和适应气候变化。作为一个负责任的大国，我国政府已经向国际社会郑重承诺，到2020年单位国内生产总值的碳排放相比2005年下降40%—45%，绿色低碳之路成为我国经济发展的必然选择。作为一个幅员辽阔、生态环境比较脆弱的国家，我国已经受到了越来越严重的气候变化的影响，因此，适应气候变化也是刻不容缓的。

* 许光清：中国人民大学环境学院副教授；
郭沛阳：中国人民大学环境学院研究生。

技术在全球气候变化的进程中是把双刃剑。从历史来看，技术进步是人为温室气体排放量增加的重要因素。从第一次工业革命开始，大气中二氧化碳的浓度已增加了40%。但向未来看，新的技术又是人类应对气候变化的重要手段，通过技术进步提高现有能源利用效率，开发利用可再生能源乃至封存温室气体，都起到减缓气候变化的作用；对于已经发生的气候变化，应用适当技术可以预警可能发生的灾害，保护易受损区域，降低气候变化造成的影响和损失，从而起到适应气候变化的作用。

二、技术政策的必要性

（一）锁定效应和路径依赖

技术的锁定效应是指原有技术长期占领市场，阻碍新技术大范围应用的现象。原有技术具有规模经济、学习效应、适应性预期和协同效应等优势。由于这些优势的存在，决策者倾向于选择原有技术而不是新技术，这种现象便称为路径依赖。

规模经济是指单位成本随着产量的增加而减少的经济现象。原有技术成熟度高，常常通过扩大生产规模来降低成本，实现规模经济。学习效应是工人及管理人员的技能和管理水平随着工作时间的增加而不断提高的现象，即所谓的“干中学”。较早进入市场的技术经过多年的学习积累会不断地降低生产管理成本。适应性预期是指由于原有技术的广泛应用增加了产品生产者和使用者对技术的了解和信心，所以产品生产者和使用者更倾向于使用原有技术以及购买原有技术生产的产品。协同效应是指由于原有技术配套基础设施齐全、产品规格广泛被接受，政策制度安排更加完备，采用相同技术将获得更多的便利的现象。

此外，技术的锁定效应还可以指厂商由于前期投资额巨大，投资回报周期长而不得不长时间利用原有技术的现象。很多原有技术在初期需要投入大笔资金，但此后运营时却只需较低的费用，因此利用原有技术生产的企业一般都会拥有很高的沉淀成本，使得新技术难以替代已经占有市场的原有技术。

由于路径依赖和锁定效应的存在，在面对能排放更少温室气体的替代技术时，厂商往往缺乏转变到新的替代技术的动力。政府需要技术政策打破对原有技术的锁定，给绿色低碳技术创造出更多的市场空间。

（二）新技术的成本高，不具有市场竞争性，商业投资低

新技术由于没有通过大批量的生产获得学习效应和规模经济，成本相对当前技术要高得多。其一，新技术的前期成本很高，生产出的产品只有在到达收益转折点后才具有竞争优势，导致投资回收期拉长。如图 3-5 所示，新技术产品随着学习效应的积累价格不断降低，直至达到与原有技术产品价格相等的收益平衡点后才具有价格优势，

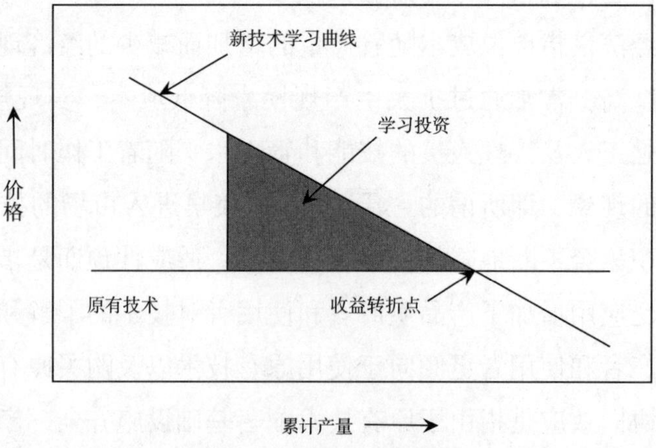

图 3-5　新技术学习曲线

学习投资（图中阴影部分）是新技术达到竞争优势需付出的必要成本。其二，新技术往往面临更大的市场与技术的风险及各种不确定性，这使得本来就处于竞争劣势的新技术获得融资的成本非常高，甚至根本无法获得任何融资。

新技术前期的高投融资成本、风险和不确定性决定了新技术投资量的不足，所以需要政策的支持。

（三）技术的外部性

在温室气体减排技术的市场上，正外部性和负外部性的存在成为减排技术推广的障碍。一方面，减排技术能够减少温室气体排放和气候变化的社会成本，给社会带来收益，具有正的外部性。但是这项收益并不能排他地由应用减排技术的企业完全占有，减排产生的额外费用无法得到补偿。另一方面，传统的技术排放大量温室气体导致气候变化加剧，给社会造成损害，具有负的外部性，但是市场并不能要求排放者为这种社会损害付费。技术的外部性将导致企业搭便车的现象，有些企业即使不采用减排技术，仍然可以享受减排技术的企业减排温室气体所获得的气候变化减缓的益处。技术的外部性对碳捕集与封存技术（Carbon Capture and Storage，以下简称 CCS）①表现得尤为明显。CCS 技术将工业生产或发电产生的二氧化碳捕集然后封存于地质构造中或废弃的油气矿井中，使大气中二氧化碳不会增加，给社会带来收益。但是，CCS 技术并没有带来额外收益，投资于此技术只能增加企业投资成本。由于 CCS 技术还要用到额外的电力，它甚至不能为企业节约能源。技术外部性导致市场的失灵，使资本不能配置到产生社会最大效益的地方，在没有公共政策干预的情况下，对新技术的

① CCS 技术是指通过碳捕捉技术，将工业和有关能源产业所生产的二氧化碳分离出来，再通过碳储存手段，将其输送并封存到海底或地下等与大气隔绝的地方。目前，CCS 技术尚处于研发阶段。

投资很难达到社会最优水平。

（四）政府在技术创新中的作用

综上所述，政府对应对气候变化技术的支持和对市场的适量干预是合理和必要的。

技术的形成及推广包括基础研究、研究与开发、示范、技术部署与扩散和商业化等环节，如图 3-6 所示。两种力——市场拉动和技术推动自始至终作用于各个环节，促进技术从最初的科学中诞生，最

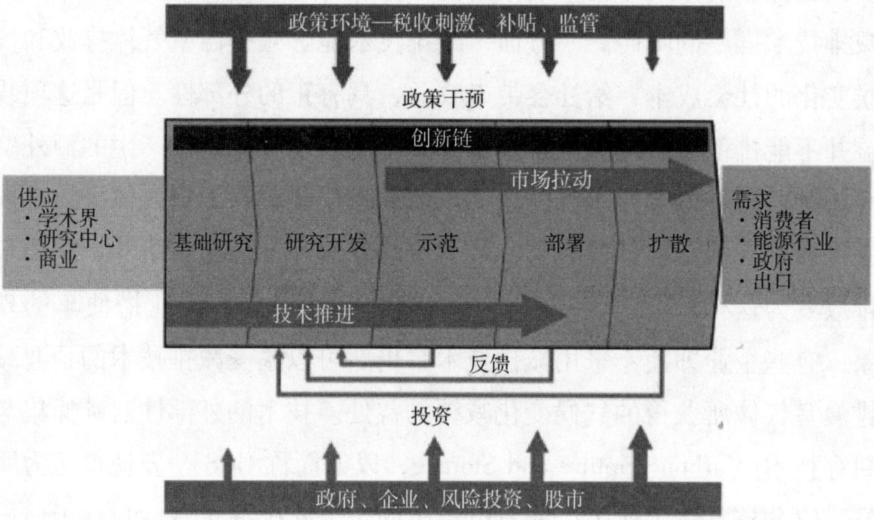

图 3-6 技术创新流程

资料来源：International Energy Agency, *Energy Technology Perspective*, 2008, p. 100.

终到达市场大范围应用。市场拉动是指市场上产品的使用者为满足自身需求而对能生产满足其需求的产品技术的拉动作用。技术推动是指研究者和技术开发人员不断更新改进技术，提供新的、更便宜或更好的服务，以扩大他们研究成果的利用范围。

政府促进技术创新应从技术的市场拉动和技术推动这两方面入手。一方面，政府可以拉动市场对新技术的需求。作为市场的重要组

成部分，政府本身的采购活动便可以创造市场需求。此外，政府也可以刺激市场的其他组成部分的需求，例如政府可以强化新技术的配套设置建设，对新技术产品进行适当的价格补贴，从而增加市场需求；政府还可以制定能源标准、排放标准等迫使企业淘汰原有技术使用新技术等。另一方面，政府可以推动新技术的供给。政府对新技术供给的推动作用表现在对技术研究开发的支持上。政府可以对基础学科和应用科学进行长期的资金支持，对投资研究开发的企业给予减税等支持，建设平台促进新技术知识交流，政府还可以与私人部门成立公私合作关系，联合投资于研究开发。

三、技术生命周期中的不同阶段需要不同的技术政策

根据技术在技术创新链所处的不同阶段，政府对其的支持政策也不同。一般来说，政府在技术创新链的初始阶段投资较多，而私人则较多地投资于创新链的下游。在制定具体技术的政策时，应该首先明确各种技术所处的发展阶段，再根据技术所处的阶段有针对性地制定扶持政策。图 3-7 是处于不同发展阶段的技术可以采取的政策支持，下面将分别对不同阶段的措施具体阐述。

（一）研究、开发与示范阶段

新技术研究、开发与示范阶段面临的最大的问题是资金不足。图 3-8 表示了技术创新各阶段的现金流量图，可以看到技术的研究开发和示范阶段都是负的现金流，在开发示范这些技术商业化尝试阶段甚至出现了“死亡之谷”，大量技术在此阶段由于缺乏资金支持而被淘汰，一些研究者甚至表示 95%的新技术创新都在“死亡之谷”折戟。如前所述，造成此阶段资金匮乏的原因是多方面的。为激励技术的研

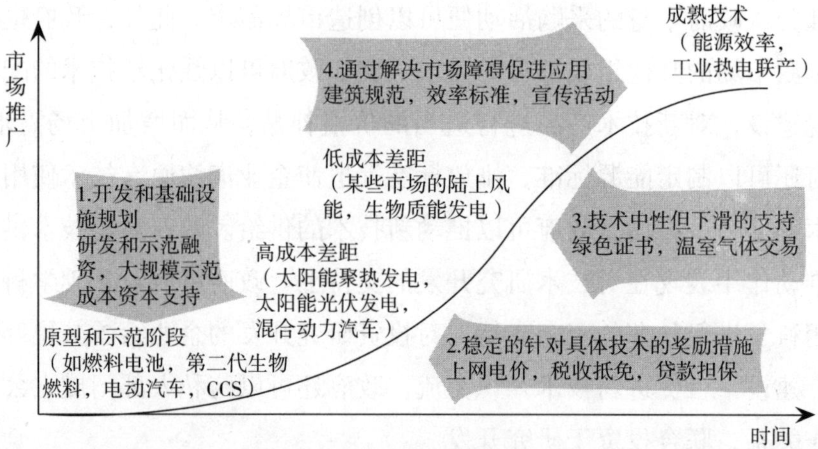

图 3-7　技术创新各阶段所需政策支持

资料来源：International Energy Agency，*Energy Technology Perspective*，2010，p. 50.

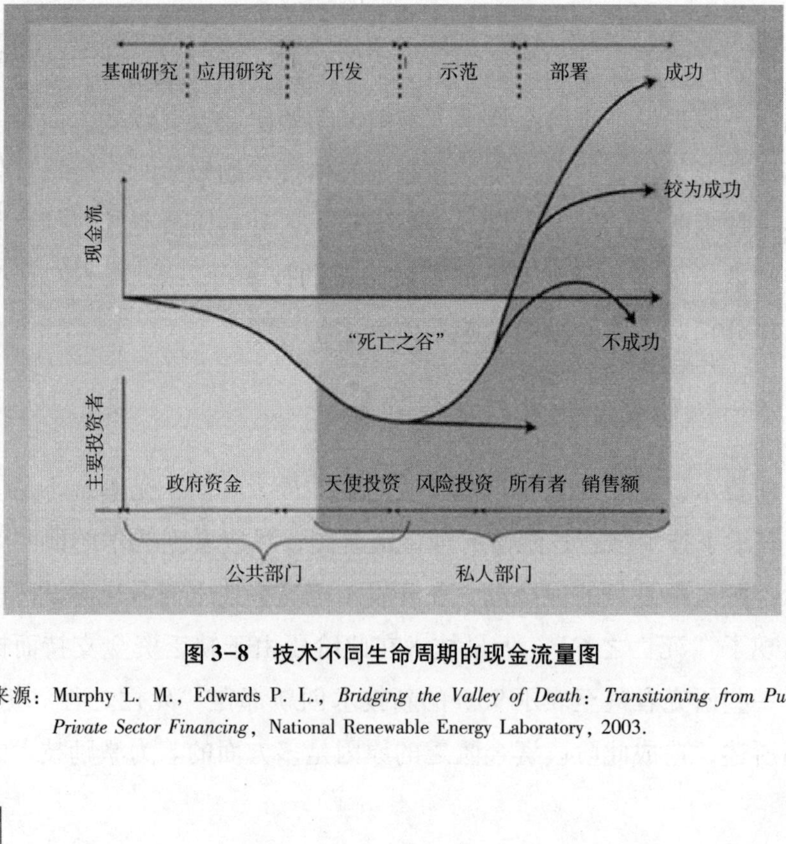

图 3-8　技术不同生命周期的现金流量图

资料来源：Murphy L. M.，Edwards P. L.，*Bridging the Valley of Death*：*Transitioning from Public to Private Sector Financing*，National Renewable Energy Laboratory，2003.

究开发，帮助技术创新跨过“死亡之谷”，政府可以采取下述各项措施。

1. 直接投资于科研单位或采取措施鼓励私有部门投资

政府对基础及应用研究的支持为成功的技术创新奠定了基础。政府可以选择有发展前景的绿色低碳技术进行直接的投资。此外，政府也可以鼓励私人部门投资，如对投资某些技术研究开发的部门给予财政补贴，或者承诺采购其研发成果。

2. 促成公共和私人部门伙伴关系的形成

政府可以鼓励私人部门与公共部门形成研究联合体，例如政府、企业与大学共同成立研究中心等。政府机构可以对其进行一定的资金支持，或者保证为其将来生产研发的产品提供税收减免等，以吸引私人部门参与到联合体中。企业的参与能将市场的需求更好地反映到研究开发中，技术产品也会更贴近于市场。许多国家都已经成功地成立了由企业、政府和研究机构联合组成的“三角”联合体。

3. 技术转移与专利政策

技术的溢出效应是技术最终大规模应用的必经之路，因此政府促进技术创新的一项重要工作便是促进技术转移。但是，溢出效应使其他生产者也能搭便车，使私人企业缺乏投资研究开发的激励，这就要求良好的知识产权保护政策。政府在推进技术创新时应该平衡这两点。具体来说，对于政府主导的项目，可以通过论文发表、允许企业与国家实验室建立合作伙伴关系等形式，以实现技术的转移。对于政府自己拥有的专利，政府可以放松专利政策以便被企业商业化使用。而对于私人部门的研发成果，应当最大程度地保护其专利，以增强企业投资研发的信心。

4. 基础设施的规划建设

对于在示范阶段取得良好市场反应，并已被证实技术上可行的技术，政府应当着手规划适合该技术发展的基础设施，例如当电动汽车在示范阶段被证实技术可行且市场反应良好后，政府立即应该开始着手充电桩的规划建设工作。

（二）部署与扩散阶段

在经过示范环节证明技术的市场前景后，技术创新就将进入部署环节，包括产品销售渠道的开发与拓展，早期市场的培育等。在部署环节，新的技术产品尚不具有竞争力，生产还只是在一个小的工业范围。此阶段最关键的要素是早期市场，早期市场将为产品提供初期的资金回报，并为大规模市场化提供经验。在早期市场后，技术将进入扩散阶段，技术将日益具有吸引力，逐渐拥有广泛的使用者，产品也已经初具竞争力。

该阶段政府最重要的支持是促进早期市场的形成。创造早期市场的政策包括对新技术厂商的资金支持政策，对应用新技术的用户提供补贴，政府直接购买新技术产品等，甚至可以强制要求政府采购。此外，支持政策应该有技术针对性，使支持直接作用于新技术。此外，政府在此阶段还应该保证新技术的可靠性以维持人们对新技术的信心。政府可以建立检测中心，要求新技术产品通过质量检验，对质量有保证的产品加以认证等。

对于已初具竞争力并处于扩散阶段的技术，政府应当尽力通过市场机制提供支持，使政策逐渐技术中性化，不再针对具体技术采取特别措施，如建立总量控制的温室气体排放权交易体系，绿色证书等。

（三）充分市场竞争阶段

一些成熟并被市场接受的新技术已经能够与市场上的其他技术竞争。但是，仍然存在阻碍其发展的因素，如原有设备长使用年限导致的锁定效应，较高的转换费用等。解决这个阶段的问题可以采取规定供能企业的最低能效水平，制定终端设备的能效和排放标准等措施，促使企业淘汰旧设备，采用新技术。

在供应端，可再生能源强制性配额制度要求供电商发电总量中必须有超过固定比例的新能源电力。此外，为了克服原有技术的锁定效应，还可以采取强制措施淘汰原有技术，例如淘汰落后产能促进节能减排，在火电领域实行“上大压小”政策，将建造大型发电机组和关停小型发电机组挂钩；在审批环节，对落后技术不予审批。这些措施都有利于增强新技术竞争力，强迫原有技术退出市场。

四、技术政策的实施要点

（一）政策的系统性

对任何技术的支持政策都不应该是孤立单一的，而应该是具有系统性。具体来说，就是既要做到供给方的技术推动，又要做到需求方的市场拉动。仅仅对科研提供支持可能会使技术创新因市场接受者不足而难以为继；仅仅对技术提供市场支持有可能会因私人部门没有足够资金和动力投入科研而使技术夭折。

系统地对技术实施政策支持不乏成功的案例。巴西政府在乙醇燃料的推广中，在供应方面，利用了低息政策支持乙醇生产厂家的扩张，并采取措施保证乙醇作物的收购价格以鼓励种植，并利用各种措施促进乙醇汽车的研制。在需求方面，政府规定了普通汽车燃料的乙醇占比要求，对乙醇汽车购买者提供税收优惠，并在早期强制限制了乙醇泵的价格以促进加油站提供乙醇供应。一系列措施使乙醇燃料在巴西广泛应用，在20世纪80年代末轻型乙醇汽车的使用甚至占到所有轻型汽车的80%以上。

（二）政策实施的长期性与连续性

技术从最初的研发到最终的完全渗透到国民经济中需要很长时间。以能源为例，人类从传统生物质能源过渡到煤炭，再从煤炭逐渐过渡到现代能源（石油、天然气、电力）经历了一个多世纪的漫长过程。可以预见，未来可再生能源最终替代化石能源也需要很长时间。这就要求政府制定长期规划，不能期望一蹴而就。技术政策的长期规划将不仅是政府行动的准绳，更是投资者的强心剂，有助于吸引更多的投资。

另外，技术政策也具有连续性。政策的骤然变动常常会导致技术创新的中止，这点美国加州新能源市场的崩溃为我们提供了前车之鉴。加州在 20 世纪七八十年代对新能源厂商提供了大量的补贴，新能源技术也因此蓬勃发展，大量的需求促使一些试验不够的产品也被推向市场。加州政府于是在 1985 年决定不再延续补贴政策。补贴的骤然停止，加之同一时间国际油价的下跌，终于导致加州新能源市场的全面崩溃。可以看出，政策的调整应保持连续性，否则有可能使技术创新半途而废。

（三）政策的灵活性

由于对新技术的判断也常常会发生偏差，已经制定的政策也需要不断地调整。

以日本新能源汽车为例，出于国家能源安全的考虑，日本在 20 世纪 70 年代选择了电动汽车[①]作为新能源汽车支持对象。但是，电动汽车并没有获得市场很大的反应，反而丰田和本田在 20 世纪 90

① 电动汽车是指以车载电源为动力，用电机驱动车轮行驶，符合道路交通、安全法规各项要求的车辆。由于对环境影响相对传统汽车较小，其前景被广泛看好，但当前技术尚不成熟。

年代推出的混合动力汽车备受欢迎。日本政府迅速将支持转向混合动力汽车，最终促使日本的混合动力汽车捷足先登，抢占了世界市场。

第 四 篇

金融机构在生态金融产品创新中的作用

建立北京市 PPP 模式碳基金促进碳交易市场良好发展

蓝 虹 吕倩梦 张洁琼*

中国碳交易试点从 2011 年开始启动，选择的地区是北京、上海、广州、深圳、天津、重庆、湖北七个省市。目前，七个试点地区均已经开展碳排放交易，北京市碳交易试点也已于 2014 年 6 月 27 日正式结束履约。本报告对北京市碳交易试点情况进行了全面的总结和分析，并针对存在问题，提出建立北京市 PPP 模式碳基金，包括其运行特点、资金流机制、组织结构、股权结构设计等问题，以提升碳市场交易活跃度，促进碳交易市场发展的政策建议。

一、北京碳交易市场概况

（一）北京市碳交易试点基本情况

1. 参与主体

（1）需求者：报告企业。包括固定设施排放、年二氧化碳排放量在 1 万吨以上的企业和单位，年综合能耗在 2000 吨标准煤以上的

* 蓝虹：中国人民大学生态金融研究中心副主任、环境学院教授、博士生导师；
吕倩梦：中国人民大学环境学院人口、资源与环境经济学研究生；
张洁琼：中国人民大学环境学院人口、资源与环境经济学研究生。

单位。目前共有490多家企业（单位）已完成核算和第三方核查，可参与交易，其碳排放量约占北京排放总量的40%左右。

2013年8月，北京市发改委根据2009—2012年重点用能单位的能源统计数据，列出了一个“初步核算二氧化碳排放量年平均值在1万吨以上的排放单位”名单，经过核查确认后，成为北京碳交易试点的第一批参与者。北京市采取通过二氧化碳排放量界定交易主体的方法，导致纳入碳排放权交易的企业行业五花八门。除了传统的火力发电、热力、水泥、石化等“排放大户”外，外交部、法院、公安局、动物园等排放单位也纷纷上榜。

（2）供给者：减排成本较低的企业、其他自愿减排企业、项目开发商。

（3）投资商：包括注册资金在300万元以上、符合一定条件的有节能减排经验的企业，以及符合条件的投资机构等。他们可以在市场上进行碳排放配额的购入和卖出。

（4）中介机构：金融机构等。

（5）监管者和第三方机构：政府和碳排放审核认证机构。

2. 交易工具

交易工具主要有碳排放权以及围绕碳交易相关需求的融资安排和设计。如碳权质押融资、节能减排项目融资、碳基金、碳信托和碳债券等，以及碳期货、期权等金融衍生产品。

3. 交易形式

交易形式主要分为碳配额交易与中国核证减排（China Certified Emission Reduction，以下简称CCER）交易。配额交易指总量管制下所产生的减排单位的交易，如欧盟排放权交易制的EUAs交易，通常是现货交易。

中国核证减排交易是指根据《温室气体自愿减排交易管理暂行办法》，参与自愿减排的减排量需经国家主管部门在国家自愿减排交易登记簿进行登记备案，经备案的减排量称为“核证自愿减排量”。经备案后，可在交易机构内交易，即为中国核证减排交易。

4. 交易方式

（1）整体竞价交易：只能由一个应价方与申报方达成交易，每笔申报数量须一次性全部成交，如不能全部成交，交易不能达成。

整体交易由自由报价期和限时报价期组成。在自由报价期内，感兴趣的交易方可以自由报价。自由报价期一般自申报时开始至第3个交易日的上午10：00结束。自由报价期结束即进入限时报价期。

限时报价期由若干个限时报价周期组成，每个周期一般不少于5分钟，但11：25后新开始的限时报价周期于当日11：30结束。如果在限时报价周期内没有产生更高价格，那么就以此价格达成交易。类似拍卖中的“一次，两次，三次，无人加价，成交”的喊价形式。

（2）部分竞价交易：是指交易活动只有自由报价期。

（3）定价交易：可以由一个或一个以上应价方与申报方以申报方的申报价格达成交易，允许部分成交，此种方式与目前深圳、上海的交易方式类似。

按照这三种方式，企业能够较为灵活地选择适合自身的方式参与交易，有大量买卖需求的企业可使用整体交易方式一次性完成交易；而希望以更好价格成交的企业则可以用部分交易的方式获得最优价格。相比第三种定价交易方式，前两种交易方式所需时间较多，对企业而言操作更为复杂。

在目前政策规定下，碳交易不能进行连续交易，对交易方式的选择的确是个挑战，因此创新交易模式很重要。

（二）北京市碳交易试点交易情况

自2013年11月28日开市以来，至2014年5月27日已经平稳运行6个月，北京碳排放权交易累计成交168281吨，成交总额8845376元，其中线上公开交易126064吨，协议转让42217吨。

如图4-1所示，2014年5月之前，北京市碳交易量一直非常小。2014年6月以后，成交量上涨迅速，线上交易43.3万吨，线下交易97.8万吨。6月1日至27日总成交量达141.1万吨，为5月份的5.4倍、4月份的19.1倍，占总成交量的75.3%。6月26日线上成交量101188吨，为开市以来单日成交量最大值。价格方面，成交均价趋于上升，最高为68.18元/吨。

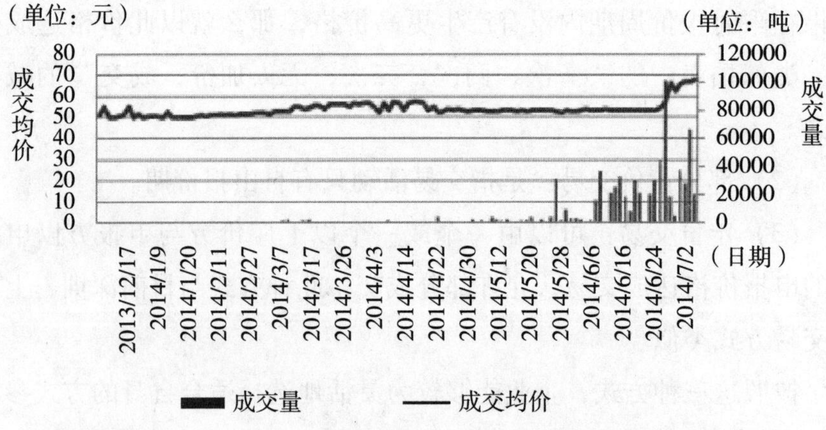

图4-1 北京市碳交易市场开市至今成交量与成交均价

资料来源：北京市碳排放权电子交易平台，见http：//www.bjets.com.cn/article/jyxx/。

实际上，按照北京市发改委此前发布的《关于开展碳排放权交易试点工作的通知》，北京试点的履约时间为2014年6月15日之前。然而，截至6月15日，仍然有250多家企业未履约，未履约的企业数量超过了一半。北京市发改委于6月18日发布了《责令重点排放单位限期开展二氧化碳排放履约工作的通知》，并公布了一份包含257家单位的未按规定完成履约企业名单，责令未完成履约的企业在10个工作日内完成履约，在此期间可免于处罚。而对于未在6月27日前完成履约的重点排放单位，将按照市场均价的3—5倍予以处罚。在履约压力之下，企业购碳需求上升明显。责令改正期最后一周，北京线上总成交216735吨，协议转让成交529824吨，创下开市以来单周成交量最高纪录。同时价格也一路上涨，27日成交均价达66.48元，较前日上涨17%，周涨幅达24.49%。

总体来说，相比履约进展更为顺利的上海、深圳，北京企业的履约表现不佳。除了政府部门或事业单位外，本应更重视企业低碳形象的央企、外企和各类上市公司均榜上有名，未能按规定履约。

二、北京市碳交易市场存在的主要问题

（一）北京市碳交易市场活跃度不足

为了可以更加鲜明地分析北京市碳交易市场存在的主要问题，我们收集了美国区域温室气体减排行动碳交易市场（Regional Greenhouse Gas Initiative，以下简称RGGI）、欧盟碳交易市场（European Union Emissions Trading Scheme，以下简称EU-ETS），以及深圳、天津两试点地的碳交易市场数据，进行对比分析。

从横向单个时间点比较，相对于国外碳交易市场，北京市碳交易的市场活跃度明显低下。从2014年4月碳交易的数据来看，欧洲EU-ETS和美国RGGI市场的碳交易活跃度均大于10%（活跃度为当月的累计成交额除以当年的碳配额），而同期我国7个试点省（市）的碳交易活跃度整体小于1%，处于较低的水平（见

图 4-2)。

为了更完整地进行比较，我们再从纵向的半年数据进行比较，就国内各试点地的交易情况分析(见图 4-3、图 4-4)，深圳、天津的碳交易量与北京有明显相似的趋势，即在 5 月履约期接近后，成交量迅速上升。就成交均价来说，天津市的碳交易成交均价明显低于北京市和深圳市，一直徘徊在 20—50 元/吨之间；深圳的碳交易成交均价为三地最高，处于 60—90 元/吨之间。

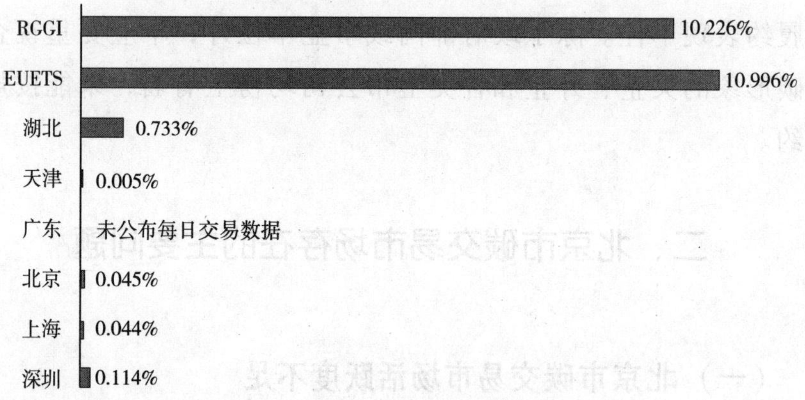

图 4-2　2014 年 4 月碳交易市场活跃度

资料来源：北京市碳排放权交易平台，见 http：//www. bjets. com. cn/article/jyxx/。
湖北碳排放权交易所，见 http：//www. hbets. cn/html/zxggXxpl/index_ 2. shtml。
天津市排放权交易所，见 http：//www. chinatcx. com. cn/tcxweb/pages/trading/trading_hq. jsp。
上海市环境能源交易所，见 http：//www. cneeex. com/。
深圳市排放权交易所，见 http：//www. szets. com/Portal/home. seam。
RGGI CO_2 Allowance Tracking System，见 https：//rggi-coats. org/eats/rggi/index. cfm?fuseaction=reportsv2. price_ rpt&page=1&sortorder=LjBYNi5KPF8gOjNYQ0MtRT9fWyQgCg==&hc=ISkgICAK&nc=67ED82DED82764CCE2B9F54D228DEE95。
European Emission Allowance Auction，见 http：//www. eex. com/en/market-data/emission-allowances/auction-market/european-emission-allowances-auction#！/2014/05/06。

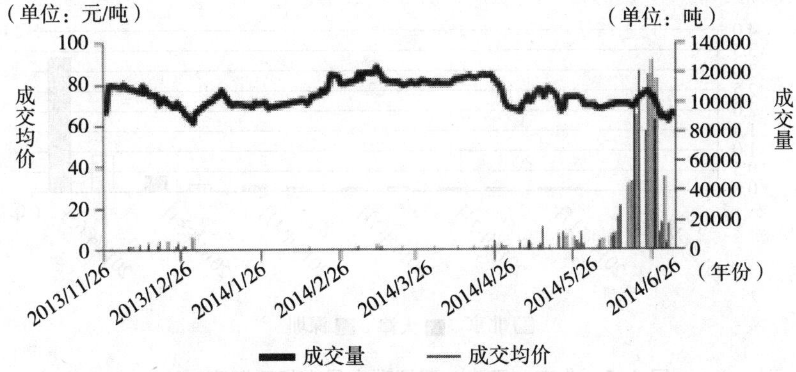

图 4-3 深圳市碳交易市场行情

资料来源：深圳市排放权交易所，见 http：//www. szets. com/Portal/home. seam。

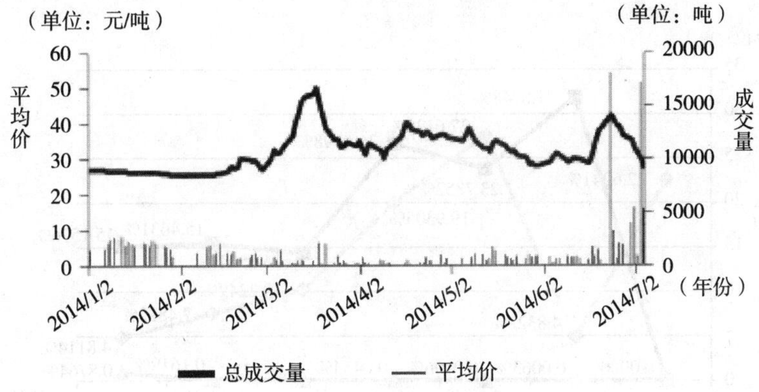

图 4-4 天津市碳交易市场行情

资料来源：天津市排放权交易所，见 http：//www. chinatcx. com. cn/tcxweb/ pages/trading/trading_ hq. jsp。

为了更加清晰地比较三地的碳交易情况，我们对三地半年内各月的活跃度进行了比较(见图 4-5)。可以看出虽然三个城市碳交易市场活跃度都不高，但是相较而言，天津市市场活跃度最低，深圳市市场活跃度相对最高，而北京市介于两者之间。

将北京市碳交易市场活跃度与 EU-ETS 和 RGGI 碳交易市场半年内的数据进行比较发现(见图 4-6)，北京市碳交易市场活跃度存在

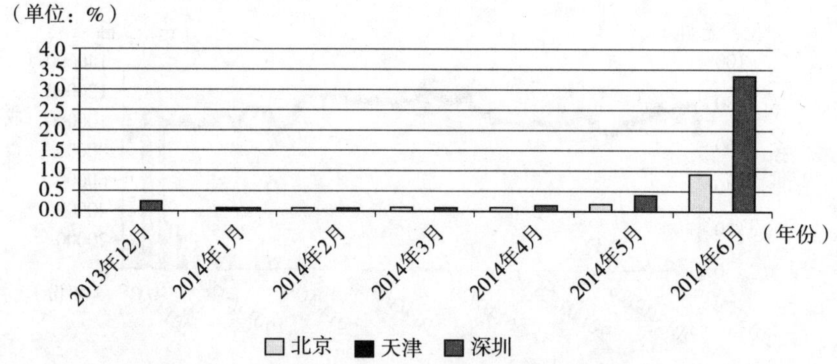

图 4-5　北京、天津、深圳碳交易市场活跃度对比

资料来源：天津市排放权交易所，见 http：//www. chinatcx. com. cn/tcxweb/pages/trading/trading_ hq. jsp。

北京市碳排放权交易平台，见 http：//www. bjets. com. cn/article/jyxx/。

深圳市排放权交易所，见 http：//www. szets. com/Portal/home. seam。

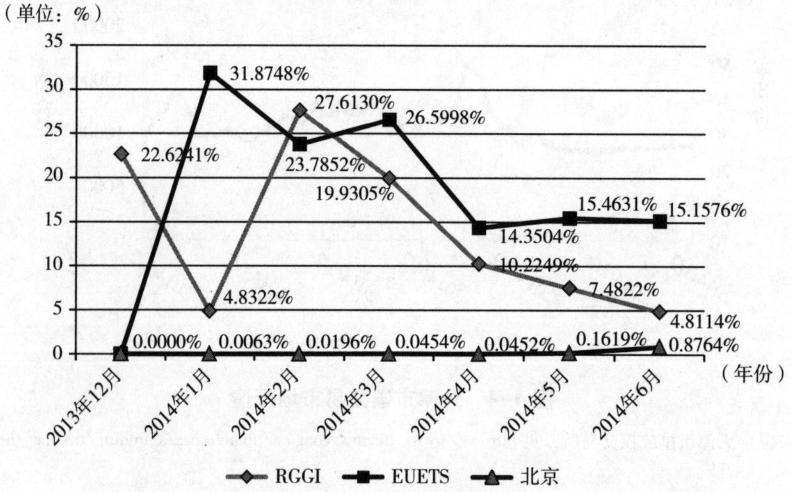

图 4-6　北京市与 EUETS、RGGI 碳市场活跃度对比

资料来源：北京市碳排放权交易平台，见 http：//www. bjets. com. cn/article/jyxx/。

RGGI CO_2 Allowance Tracking System，见 https：//rggi-coats. org/eats/rggi/index. cfm?fuseaction = reportsv2. price_ rpt&page = 1&sortorder = LjBYNi5KPF8gOjNYQ0MtRT9fWyQgCg = = &hc = ISkgICAK&nc = 67ED82DED82764CCE2B9F54D228DEE95。

European Emission Allowance Auction，见 http：//www. eex. com/en/market-data/emission-allowances/auction-market/european-emission-allowances-auction#！/2014/05/06。

明显不足。EU-ETS和RGGI碳交易市场活跃度一直保持在4.8%以上，而北京市在活跃度最高的6月也只达到0.87%，差距巨大。

综上，我们可以得出结论：碳交易市场活跃度不足是北京市碳交易市场的主要问题。

（二）北京市碳交易市场活跃度低下的原因分析

1. 信息不对称

（1）碳交易市场信息不对称。北京市碳交易市场活跃度低下的一个重要原因，是由于减排企业对碳交易市场相关运行规则、流程等信息缺乏了解。在七个试点省（市）中，在履约期结束时，深圳市参与碳交易试点的635家碳排放管控单位中已有631家履约，占比高达99.37%，处于最高水平，而其他试点省（市）减排企业的履约情况十分不佳。例如，国家发改委于2014年6月18日发布的《责令重点排放单位限期开展二氧化碳排放履约工作的通知》，公布了北京市未履约减排企业名单，涉及热力生产和供应、石化企业及服务业企业等共计257家单位，约占北京市2013年碳排放重点管控单位总数的一半，也就是说，北京市碳排放企业的履约率仅为50%。相比较而言，其他省（市）的履约率就更差了。

据了解，造成减排企业未履约的原因主要有三个方面。一是部分企业不了解履约的要求和操作办法，认为拥有足量配额即为完成履约，最终因未进行配额清缴步骤而被公示。二是部分企业因为配额数量不足，以至未能购买到足够的配额导致未按期完成履约。三是部分企业表示，因为交易所与银行方开户信息不匹配，导致一直无法完成开户，影响了交易的顺利进行，造成未按时履约。

上述分析表明，碳交易市场信息不对称是导致部分企业没有参与碳市场交易，造成市场交易活跃度低下的重要原因之一。企业不了解市场信息自然就无法跟进碳交易，造成供给方与需求方无法顺利对接实现碳交易，从而影响碳市场交易的活跃度。

（2）减排技术信息不对称。减排技术信息不对称主要体现在减排技术需求方与供给方之间的对接不顺畅问题上。一方面，对于碳汇提供者来说，需要引进购买减排技术从而生产足够的减排量，并进入碳市场交易，成为供给方。另一方面，对于限制配额的企业来说，既可以自主进行减排，也可以进入碳交易市场进行交易，完成减排任务。充分的减排技术信息是企业根据成本收益原则对自主减排与市场交易做出理性选择的重要依据，但由于企业对减排技术信息不了解，往往使其无法做出正确决策。例如，当企业碳配额不足时，可以选择购买减排技术进行自主减排，或选择进入碳市场购买碳配额，此时就需要企业进行成本收益分析，但由于减排技术类型丰富，在对减排技术不了解的情况下，企业往往无法按照成本收益分析原则选择最为合适的技术，从而影响了企业的碳交易行为。

（3）减排管理信息不对称。减排管理信息不对称主要体现为企业对碳减排履约的相关流程、规定等缺乏深入了解，由此导致其缺乏参与减排的积极性。减排管理信息不对称对北京市企业履约碳减排任务的影响非常明显。许多企业表示，之所以未履行碳减排任务，主要是因为不了解履约的相关流程、规定和处罚情况。例如，超标配额500多吨的百盛相关负责人表示，以为公司进行了碳减排注册就是完成了履约任务，不了解还要在碳市场进行相关交易，而且对交易流程也并不清楚。这说明，减排管理信息不对称是造成企业参与碳减排交易程度低的重要原因之一。

（4）减排融资信息不对称。减排融资信息不对称不仅仅是碳减排企业面临的问题，而且也是谋求参与碳减排的投资者目前所面临的主要问题。一方面，目前许多低碳项目的建设受到资金不足的约束；而另一方面投资者由于不了解相关信息，对减排项目的风险无法正确估计，因此无法选择合理的减排项目进行投资。这说明，减排融资信息不对称会阻碍低碳经济的发展，不仅仅造成低碳项目建设融资困难，而且会导致碳交易市场的碳汇供给减少，从而造成碳交易量减少，碳交易活跃度无法提高。

2. 减排企业融资困难

当前，北京市减排企业融资困难问题仍然是制约低碳经济发展的重要因素。主要有以下几方面的原因：

（1）减排企业自筹资金严重不足。当前，北京市实施节能减排项目中的政府示范项目，基本是由政府解决项目的融资问题。除此之外，其他减排项目需要的资金，主要由承担项目的企业自己想办法解决。一般而言，减排项目的资金需求额度大、投资回收期长，导致减排企业依靠自身能力难以筹集到减排项目所需的足额资金，造成减排项目难以正常进行，碳汇供给严重不足，市场交易活跃度低下。

（2）商业银行贷款困难。上述分析说明，减排企业自筹资金少，需要外部资金支持，特别是商业银行的资金支持。但由于节能减排项目效益的不确定性和外部性，目前北京市节能减排项目难以提供商业贷款要求的抵押品或有效担保；同时，商业银行对节能减排技术和节能减排项目不熟悉，考虑到贷款风险及资金安全性，也不愿开展此类信贷业务。此外，一般而言，节能减排项目的经济效益较低，但社会效益突出，与商业银行追求经济效益的目标具有一定的偏差，导致商业银行对节能减排项目的关注度不高，不愿对减排企业发放贷款。

（3）企业融资渠道狭窄。企业融资的主要渠道包括商业银行贷款以及民间融资等。上述分析说明，由于减排项目的特殊性，获得商业银行融资比较困难，而民间融资往往成本高，减排项目难以承受融资的高成本，因而也难以从民间融资获得资金。

综合上述分析，北京市企业减排项目的融资渠道非常狭窄，往往难以获得足额的资金支持，从而导致多数企业对减排项目望而却步。

3. 减排技术交易平台缺失

减排技术的交易对于碳交易市场发展具有十分重要的作用。减排技术为碳减排量的生产提供技术支持，缺乏减排技术将会导致企业难以实现有效减排，进而造成碳市场供给不足。目前，北京市缺少广泛的碳减排技术交易平台，导致企业寻找减排技术的途径狭窄、成本高而且速度慢，这既不利于企业提高碳减排能力，也会在一定程度上影响企业参与碳交易的积极性。

4. 供需平衡机制缺乏

碳交易市场的供需平衡机制对于刚刚起步的碳减排市场的发展十分重要。因为无论是碳交易的需求不足，还是供给不足，都会限制有效的碳交易数量，从而导致碳交易市场活跃度不高，也会造成碳交易价格失衡。北京市碳交易市场目前尚无供需平衡机制，又由于市场主体数量较少，导致无法保持市场供需平衡。在碳需求过多、供给不足或者碳需求不足、供给过多时，只能由较少的一方来决定交易量的多少，而多余的供给或者需求则无法处理，从而对碳交易市场活跃度造成不利影响。

三、北京市碳基金提高碳交易市场活跃度的机理分析

（一）碳基金对促进低碳经济发展发挥信息平台作用

碳基金是联系碳交易市场各个参与主体的纽带，通过碳基金的作用，实现大量的碳市场信息汇聚流通，可以极为有效地解决当前碳市场的信息不对称问题。

1. 为减排企业提供融资的信息交流平台

碳基金是处于减排企业和投资者之间的中介机构，可以发挥自身

的信息优势，为减排项目投资者提供碳减排项目、碳市场交易及其相关信息，增强投资者决策的科学性，以有效规避融资风险。同时，碳基金将收集的碳交易、减排项目的相关信息予以发布，可以有效满足碳交易市场中的供给方和需求方的信息需求。通过碳基金信息平台提供的大量信息，资金供求双方可以实现以较快的速度和较低的成本寻找到最合适的合作伙伴，从而更好实现合作共赢，有效提高融资效率。

2. 减排技术推广信息平台

此信息平台是减排技术受让方和技术转让方沟通交流的平台，它通过收集、发布减排技术信息，推动减排技术的传播，并依靠拥有强大的减排技术信息优势，广泛开展低碳技术的咨询和推广，促进减排技术受让方和技术转让方的交易，实现减排技术尽快转化为生产成果。

3. 减排管理服务平台

减排管理服务的主要对象是需求节能减排的企业，主要任务是帮助企业有针对性地解决节能减排中面临的问题，并提供相关服务，包括为企业制定合理的节能减排目标、设计严密的碳减排规划、帮助核定碳减排数量、有效控制碳交易风险、充分把握气候变化给企业带来的机遇等内容。同时对企业开展节能减排技术咨询服务，以合理方式和价格向相关企业转让节能减排技术，促进企业节能减排技术加快更新。

（二）碳基金充分发挥融资平台作用

碳基金的资金融资平台功能可以帮助企业有效解决减排融资困难的问题。一是碳基金可以为减排企业及其相关项目提供直接的资金支持。目前，缺乏资金支持是减排企业及其相关项目面临的普遍问题。可以使用碳基金的自有资金为减排企业及其项目的前期建设提供全部或者部分资金支持，通过为减排企业及其项目“输血”的方式，增强其“造血”功能，确保减排企业及其项目能够顺利开展。

二是碳基金可以为减排企业及其项目提供融资担保。通过发挥碳基金对减排企业及其项目的担保功能，帮助解决其融资中的“抵押短板”，有效缓解融资难的问题，还可以通过收取较低的担保费率，降低减排企业及其项目的融资成本。此外，碳基金还可以通过为减排企业及其项目提供“碳交付担保”，确保减排项目后期顺利完成碳减排额交付，从而有效降低投资方的投资风险，提高投资积极性。

具体来说，碳基金发挥融资平台作用的方式主要有以下几种：

1. 股权投资

股权投资是指通过投资拥有被投资单位的股权，使碳基金成为被投资单位的股东，按所持股份比例享有权利并承担责任。狭义的股权投资是指私募股权投资(Private Equity，以下简称PE)。PE是指投资于非上市公司股权或者上市公司非公开交易股权的一种投资方式。PE的资金来源，既可以向社会不特定公众募集，也可以采用非公开发行的方式，向有风险辨别和承受能力的机构或者个人募集资金。

目前已有部分碳基金对低碳类项目进行股权投资。这类碳基金主要包括由政府或者国际组织设立的碳基金。某些规模较大的由企业设立的碳基金也开始积极参与低碳类项目的股权投资。碳基金进行股权投资与一般投资基金的不同之处在于，碳基金在投资时着重考虑投资的企业生产的减排指标所带来的增值收入，甚至会直接要求企业事先将此减排指标以优惠的价格转让给自己。

2. 委托贷款

此类贷款是指委托人将自己的合法资金，委托给特定机构，由其按照与委托人的约定将资金发放给特定对象，约定的内容包括借款对象、借款用途、资金额度、借款期限和利率等方面，并按照有关要求监督资金的合规使用，以及负责资金的到期收回等业务。凡是拥有合法资金的政府机构、企事业性质的法人和自然人等均可作为委托人。在发放委托贷款的过程中，借款的期限和利率是由委托人和借款人根据借款人的资金投向、偿付能力等协商确定，但需要强调的是，借款利率最高不能超过人民银行规定的利率上限。

对于那些收益较高、风险较高的投资项目，许多碳基金不愿意进行股权投资，就可以采取委托贷款方式投资，从而避免由于直接投资而可能导致的巨大损失，实现降低投资风险的目的。对于资金量比较充裕，又暂时找不到可以直接进行股权投资项目的碳基金，可以通过委托贷款资助那些风险较高的项目。

3. 融资担保

融资担保是指借款方或第三方以自己的信用或资产向贷款或租赁机构作出的偿还保证。融资担保可分为物权担保和信用担保。物权担保是借款人或者担保人以自己有限资产或权益资产作为履行债务保证而设定的担保物权，如抵押权、质押权、留置权等。

碳基金对低碳企业进行融资担保有别于股权投资和委托贷款的最大不同是融资担保并不占用碳基金的现金流，对于规模较小的碳基金来说可以参与更多的减排项目，而且如果碳基金借助融资担保能够以较为优惠的价格获取企业生产的减排收益，则可大幅度提高碳基金的收益水平。

（三）搭建广泛的技术交易平台

1. 提供减排技术交易平台

碳基金可以搭建减排技术交易平台，作为减排技术提供者与减排技术需求者实现对接的媒介，促使其可以以较低成本和较高速度找到最合适的交易对象。主要表现为：目前由于北京市缺少对各类减排技术的官方认证，减排企业容易在面对多种可选择的减排技术时感到无所适从，而碳基金可以运用其相关专业知识对各类减排技术进行相关标准认证，帮助减排企业更好更有效率地选择最合适的减排技术。

2. 直接作为减排技术购买方

碳基金可以根据其财力主动购买减排技术，成为减排技术的直接购买方。这主要有两方面的好处：一是碳基金直接购买减排技术，可以避免由于某些减排技术提供者找不到相关需求方而导致减排技术流失；二是碳基金可以在收集整合各类减排技术后，进行整理分析，促进关键性技术升级改造，并将其进行共享，推动减排技术的推广应用。

3. 直接作为技术提供方

碳基金在收集整合相关减排技术后，可以对其进行分类归纳，主动对不同企业的减排技术需求进行针对性的技术指导。并且可以直接作为减排技术提供方，与减排企业进行交易，这样可以大大降低减排企业搜寻所需减排技术的交易成本，有效提高市场运行效率。

（四）提供供需平衡机制

碳基金可以提供碳交易市场的供需平衡机制。在碳交易市场碳汇供给过多，而需求不足时，碳基金可以买进并储存碳配额；当碳交易市场中碳汇供给不足，而需求过多时，碳基金可以将其储备的碳配额投入市场出售，从而实现供需平衡，有效提高碳交易市场的活跃度。碳基金通过提供供需平衡机制，不仅可以调节市场价格，促进减排企业参与碳交易市场的积极性，而且可以使碳基金获得一定收益，即在供给过多时低价买进，需求过多时以高价卖出。

四、建立北京市PPP模式碳基金，促进碳市场发展的政策建议

（一）建立PPP模式碳基金的必要性

根据北京市碳交易市场的现状以及存在的问题，急需加快建立PPP模式碳基金。PPP是指公共部门与私营部门基于互惠和共同利益进行资源组合，形成优势互补、风险共担、利益分享的长期合作关系。北京市在PPP项目方面已经取得了很多成功的经验，如鸟巢项目、北京地铁四号线等。PPP模式基金可以通过项目包的方式组合多种公共服务产业，通过这些产业链的互相呼应和风险分散，增加各种公共服务产业整体的收益率，并降低风险；同时，PPP模式基金也提供了多种可供选择的融资方法，可以集聚更多私人闲散资金，增加资金供给额度。具体来说，建立PPP模式碳基金的重要性体现在以下几方面：

1. 有效发挥财政资金撬动私人资金的巨大作用

建立碳基金的首要任务是，通过推动和支撑北京市节能减排项目和技术的开发，提高可以进入碳交易市场的减排配额的供给量，促进提高碳交易市场活跃度，推动北京市低碳经济发展。北京市支持节能减排技术和项目开发所需资金数额巨大，若以单纯的财政资金来建立碳基金将难以满足低碳经济发展的资金需求。因此，需要在建立碳基金的过程中引入私人资金。由于很多节能减排项目使用的都是新兴技术，先前并无相关成功经验且投入周期长，因而使用私人资金对减排项目和减排企业进行投资将会存在较大风险，难以保证取得稳定的收益。因此，单纯的私人资金一般不愿意对节能减排项目进行投资，而更偏向于相对来说风险较小，且收益有保障的传统项目。这就需要发挥财政资金

的撬动作用，引导私人资金加入碳基金，保证碳基金获得充裕资金。

2. PPP 模式碳基金风险共担，收益共享

此类基金可以实现公共部门与私营部门相互合作、优势互补、风险共担、收益共享。对于公共部门来说，只需要投入少量资金，就可以引导大量私人资金的参与。对于私营部门来说，由于存在公共部门的引导与监督，碳基金的风险相对较小，故可获得较高收益。可见，PPP 模式碳基金实现了公共部门与私营部门的双赢，可以用少量的公共财政资金引导实现私人资金大量投入减排项目，即发挥财政资金的撬动作用，吸引私人资金的投入，解决单纯的财政资金对节能减排项目支持不足的问题。

（二）如何建立北京市 PPP 模式碳基金

1. 北京市 PPP 模式碳基金的融资机制设计

目前，可加快建立北京市的 PPP 模式碳基金，由公共财政资金和私人资金共同组建北京市低碳经济投资公司，以合作的方式共同运营。公共财政资金可来源于向清洁发展机制基金申请的资金支持，国家节能减排技术和项目相关支持的专项资金及补贴，北京市政府的配套资金以及社会捐赠。

具体筹资程序包括(见图 4-7)：识别北京市急需发展但又缺乏资金支持的低碳减排项目，根据不同收益率水平或不同产业分类，形成各类低碳减排项目的项目包，并对低碳减排项目包的平均收益率进行核算。若平均收益率较低，则通过公共财政资金进行补贴，提高项目包的平均收益率，使其达到可以吸引私人资金的收益率水平。此外，也可以根据各子项目包的产业链，分析其获得的国家、北京市专项资金补贴、财政税收优惠政策等补贴，以增加各子项目包的融资能力，使这些低碳项目具有更强的吸引私人资金的能力。在此基础上，通过发行债券或者以私募股权的融资方式吸引私人资金。一是发行资产抵押债券。考虑到资产抵押债券的期限较长，可参考目前商业银行5年定期存款利率水平确定资产抵押债券的利率，初步确定为将7%作为资产抵押债券的发行利率。二是以私募股权的方式吸纳私人资金。目前基金的平均收益率在12%—15%之间，为了提高对私人资金的吸引力，可选取15%作为基金的预期回报率。碳基金对低碳减排项目进行投资，项目实施后得到的收益，除了支付私人资金必要的收益外，剩余收益和公共财政资金应获得的基金收益，均应留存到基金的资金池，确保碳基金可以循环运作。对参加碳基金的私人投资者来说，项目完成后，碳基金应根据最初确定的收益率分配给投资者相应的收益，最终实现双方共赢、利益共享，既使私人资金获得合理的收益，又可以使公共财政资金更好地实现激励节能减排技术创新和产业发展的目标。

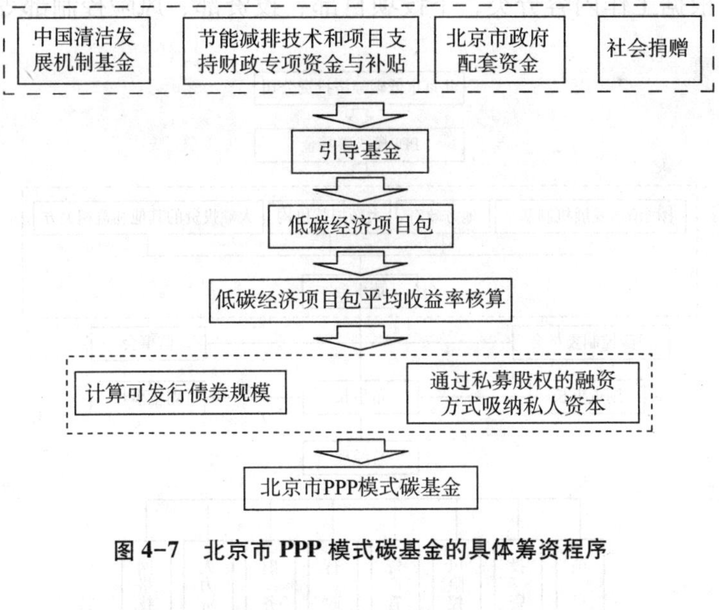

图4-7 北京市PPP模式碳基金的具体筹资程序

2. 北京市PPP模式碳基金的组织结构设计

北京市PPP模式碳基金首先以向清洁发展机制基金申请获得支持资金、国家相关专项资金及补助、北京市政府配套财政资金以及社会捐赠资金作为种子基金，建立北京市低碳经济投资公司，并以其为主体发行低碳经济债券，或者进行私募股权融资，从而构建资金充裕的北京市 PPP 模式碳基金。

在北京市低碳经济投资公司成立董事会，董事会由清洁发展机制基金、北京市政府相关部门、大额捐款机构、大额投资的其他利益相关方共同构成(见图 4-8)。清洁发展机制基金和北京市政府共同组成公共部门投资方，作为普通合伙人，获得相对控股权，并通过与其他基金发起方的协商，获得一票否决权。所有的投资决策由董事会的董事共同决定，但如果在重大决策中，如清洁发展机制基金和北京市政府认为投资方案违背了基金设立的初衷，就可以行使一票否决权，以确保该基金的投资全部运用于促进低碳经济发展和碳减排项目。由董事会任命以总经理为首的技术运营部门，负责 PPP 模式碳基金的运营工作。根据工作内容分类，下设项目部、投资部、风险控制部等部门。

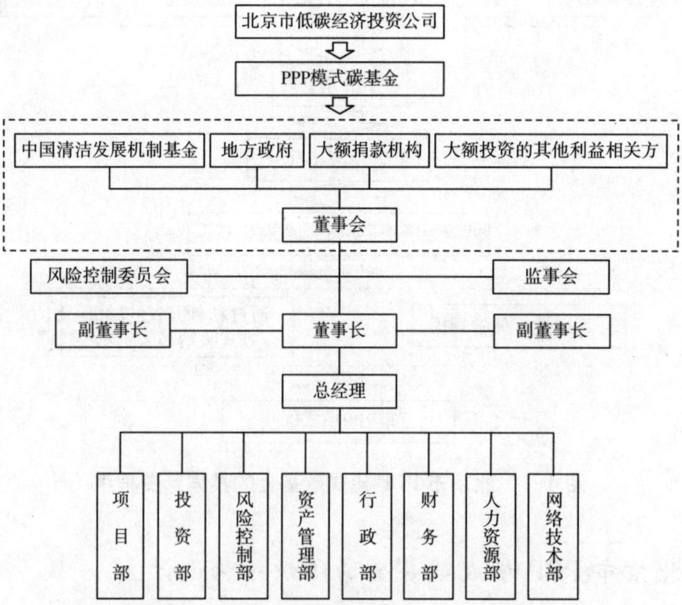

图 4-8　北京市 PPP 模式碳基金的组织结构设计

3. PPP模式碳基金股权分配模式研究

PPP模式碳基金股权主要由三方持有(见图4-9):

GP对公司拥有控制权，GP股权占比约为10%—30%，具体占比需要根据具体情况确定。GP占总股本比例越高，越能展示该基金发起方对基金运作的信心，从而更好地吸引更多LP，但GP资金规模受所能筹集的财政资金规模的约束。

基金运作技术团队持有的股权比例应不低于基金总股本的1%，这样可以使基金的收益与他们的运营绩效紧密挂钩，激励他们积极有效地运营基金。

剩余的股份由LP购买，对公司无控制权，LP可以是普通的个人投资者或投资机构、银行、保险公司等，特别是银行，不仅可以作为LP直接购买基金股份，也可以作为基金合作者，将该基金纳入银行的理财产品，介绍给银行客户。

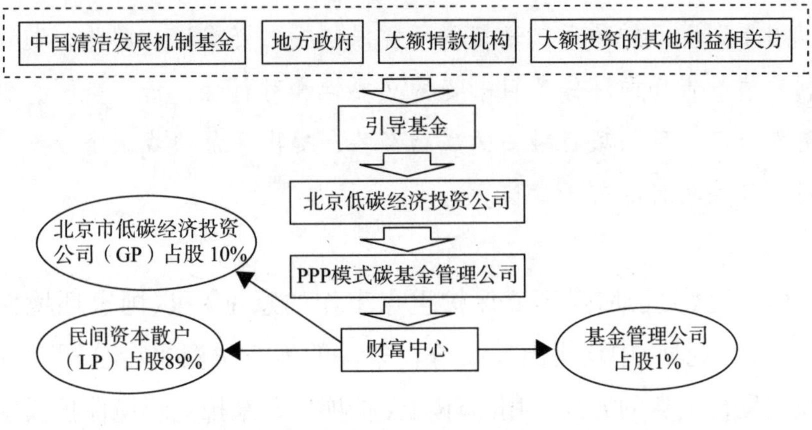

图4-9　PPP模式碳基金股权分配模式

关于利用债券市场用于环保项目的思考

葛察忠　王　青　李晓亮*

在当前我国环保资金投入不足、环保企业规模小的情况下，开展环境金融创新，充分发挥资本市场的融资功能，提高社会资金的利用效率，能为我国环境保护作出重要贡献。为此，国务院发布的《关于加强环境保护重点工作的意见》和《国家环境保护"十二五"规划》中均提出鼓励符合条件的地方融资平台公司及环保企业以发行债券的方式，用于环境保护项目，来拓宽环境保护投融资渠道。因此，通过分析利用债券市场向环保项目融资的必要性和可行性，借鉴美国、日本在债券市场为环保项目融资的成功经验，提出了加快我国企业发行债券用于环保项目的若干建议。

国务院《关于加强环境保护重点工作的意见》和《国家环境保护"十二五"规划》中均提出鼓励符合条件的地方融资平台公司及环保企业以发行债券的方式，用于环境保护项目，来拓宽环境保护投融资渠道，这表明利用债券市场进行环保融资将是环境金融创新未来发展方向之一。随着我国环境保护工作的不断深入，以及我国资本市场不

* 葛察忠：环境保护部环境规划院环境政策部主任；
王青：环境保护部环境规划院助理研究员；
李晓亮：环境保护部环境规划院助理研究员。

断发展成熟，环保政策和金融政策的改善为企业利用债券市场和环保项目盈利融资提供了政策保障。

一、利用债券融资是环保投资的必然要求

（一）环保投资资金缺口巨大

为了改善环境质量，我国加大了环保投入的力度。“十一五”已达2.16万亿元，约占GDP的1.41%，“十二五”计划达到3.4万亿元，是“十一五”的1.5倍，预计“十三五”环保投资将更大。虽然我国不断加大环保投资规模，污染减排也取得了一定的进展，但经济发展造成的环境污染代价也在持续地增长，“十一五”期间环境退化成本增长了74.8%，环境退化成本占GDP的比例为3%左右，远远高于环保投入规模。政府现有的融资渠道已经很难满足污染治理的资金需求，“十一五”期间，仅甘肃、宁夏、山西等六个省区水土保持项目，就存在2.77亿元的资金缺口，占规划总投资54.96%，导致污染治理未能达到预期的效果。因此，环保投融资总量不足，是环境保护投融资面临的主要问题，也是制约生态环境质量改善的主要原因。

（二）环保基础设施社会化资金投入较少

我国环保基础设施的建设资金主要来源于政府财政资金及银行贷款。其中地方财政拨款所占比重较大，但地方财政受各种因素制约，对环保的可投入资金呈减少趋势，远不能满足污染治理设施建设的资金需要，而商业银行出于对贷款的安全性、流动性和盈利性的考虑，对基础设施的贷款规模有一定的限制。环保基础设施相对经济发展来说需要超前性或至少是同步性，单靠政府财政和银行贷款等间接融资模式，无法满足经济发展和环保基础设施建设的需要。因此，环保基

础设施项目有必要引入新的融资方式来吸纳富余的社会资本，投入到污染治理中。

（三）中小企业污染防治融资困难

我国中小企业是工业污染的主要来源，其污染负荷一般为50%，而且对以中小企业为经济主体的城镇和农村地区而言，中小企业的污染状况对当地经济发展和生活质量具有更大的影响。在中小企业治理污染过程中，资金筹集是一个关键问题。目前中小企业污染防治资金来源主要为企业自筹、银行贷款、政府扶持资金。其中，企业自筹还是最主要的渠道，政府扶持资金通常比较少，银行出于风险防范和自身利益的考虑一般不会贷款给中小企业，而部分中小企业发展融资都十分困难，企业自筹环境污染治理资金就更加艰难了。

二、债券融资在国际上已经广泛应用于环保项目的建设

由于债券融资具有流动性强、约束力强以及低成本等优势，在资本市场较为发达的国家，债券融资额已经超过股权融资额，成为占主导地位的企业直接融资方式，政府也通过债券融资为环境基础设施和环境污染治理筹集了大量的资金，充分利用社会闲散资金，减少政府的财政压力。

（一）美国、日本等发达国家的环保建设资金十分倚重债券融资

美国债券融资是分权制国家融资模式的典型代表。美国用于环保项目的债券，除由美国财政部发行的国债对环保融资提供支持外，另

外主要由市政债券和公司债券两大类为环保项目提供大量的资金支持。除了环保企业通过发债筹集资金外，银行和投资公司也可以发行债券为环保项目融资。

市政债券包括一般责任债券和收益债券，其发行主体包括政府、政府机构（含代理或授权机构）和以债券使用机构身份出现的直接发行体。发行目的是为了环保基础设施、废品和污染控制、自然资源恢复等筹集资金，发行期限一般为10—20年，较为符合环保项目的建设周期。债券的发行者为环保基础设施建设筹集资金，可获得利息的35%作为补贴。美国政府为了防范偿还风险，市政债券实行债券保险制度，即债券发行人实际未支付债券本息时由保险公司承担偿付义务，从而提高债券的信用评级，降低投资风险。

美国市政债券的投资者主要包括个人家庭、保险公司、银行、货币市场基金等，且个人投资者为市政债券的最大持有者，其主要原因为投资者的利息收入免缴联邦所得税，以及市政债券容易变现且具有借款价值。

美国作为债券市场最发达的国家，有其特有的模式：宽松的政府准入机制和严格的市场管理机制。债券从发行到偿还有一整套法律法规和风险防范体系来约束，其中有效的信用评级机制和严格的信息披露制度起到了举足轻重的作用。

日本债券融资模式是集权制国家融资制度代表。日本地方债券包括地方公债和地方公营企业债两种。地方公债由地方政府发行，主要用于地方道路建设、污染治理、地区开发等公共项目。地方公营企业债是由地方特殊公营企业发行、地方政府担保的债券，主要用于污水管网、供水、污水处理、垃圾处理等基础设施建设方面。

地方公营企业债与我国城投债有相似之处。地方债券的资金来源主要包括：政府资金、公营企业金融公库资金和社会资金，其中社会资金所占比例较高。从债券的流通来看，日本地方债券除东京发行的地方债券可以通过证券交易所上市外，其他地方债券只许在证券公司的柜台上交易。从债券偿还机制来看，日本是中央集权制国家，地方债券拥有双重保障的偿还机制，地方政府作为地方债券的第一偿还人，中央政府为第二偿还人。因此，为了防范金融风险和财政风险，形成了日本特有的“减债基金制度”，即每年从国库中拨出一笔资金交由特定管理机构，以专作公债偿付之用，从而提高公众对政府的信任。

（二）对我国环保项目债券融资的启示

从以上分析来看，市场经济发达国家都建立了较为健全的债券融资体系，发行债券已成为环保项目融资的重要方式，其中市政债券主要用于环保基础设施、环境污染治理和自然资源修复。总的来说，美国和日本成功的债券融资体系还是有较多的相同之处值得借鉴：一是债券用途较为明确。污水处理厂、垃圾处理厂、污染治理项目等公益性项目融资多为市政债券，且持续期多为十年以上，与这些项目建设周期长、收益回收慢的特性相符合，因此不会造成较大的还债负担。二是形成了有效的约束监管机制。从行政手段上，建立了一系列完善的监管法律法规，由专门的、统一的监管机构对债券市场进行管理；从市场机制上，通过完善的信用评级机制和严格的信息披露制度对债券风险进行控制。

三、我国环保项目债券融资的条件已经基本成熟

根据我国现行的经济管理制度，我国企业直接债务融资工具主要为企业债券、公司债券、中期票据和短期融资票据。其中地方环境基础设施建设和环境综合治理的资金主要来源于城投公司发行的城投

债，在我国债券市场上占有一定的份额，对环境保护工作也起到了一定的作用。

（一）我国资本市场的初步完善为债券融资提供了基础

我国资本市场的法律法规约束机制基本已经形成，使债券融资可以在较为规范的法律法规体系下有效地运行。这些监管法律法规主要由《中华人民共和国证券法》《中华人民共和国公司法》《中华人民共和国担保法》《企业债券管理条例》以及后来颁布的法规构成。具体来看，发行企业债券需满足《国家发改委关于推进企业债券市场发展、简化发行核准程序有关事项的通知》，中央企业债券需满足《国资委关于印发中央企业债券发行管理暂行办法的通知》，发行公司债券需满足《公司债券发行试点办法》，发行中期票据和短期融资债券需满足《银行间债券市场非金融企业中期票据业务指引》《银行间债券市场非金融企业短期融资券业务指引》。

（二）债券融资在环保领域的应用情况

我国环保企业债券融资总体分为两类：一是地方融资平台——城投公司发行债券为地方环境基础设施融资；二是环保企业发行债券为企业扩充主营业务，研发污染治理技术融资。

目前中国市场上城投债主要包括：城投公司企业债、中期票据和短期融资券。进入2009年，我国继续实施积极财政政策，扩大投资规模，地方政府加大对基础设施的投入，人民银行联合银监会发布《关于进一步加强信贷结构调整促进国民经济平稳较快发展的指导意见》的文件，提出“支持有条件的地方政府组建投融资平台，发行企业债、中期票据等融资工具”，成为城投债新亮点。但在已发城投债中，从发行额度来看，企业债为68%占绝大多数，中期票据为14.4%。城投企业债发行期限多数为7年以上，主要用于环保基础设施的建设费用；城投中期票据发行期限多数为5年，主要用于环保基础设施的运营资金的补充和偿还银行贷款。

由于企业债要求发行主体应为国有企业，且发行门槛较为苛刻，而我国环保企业大多为中小企业，正处于起步阶段，很难符合企业债券的发行要求，因此，目前我国环保企业较为偏好银行贷款等间接融资方式，债券融资比例很少，主要以上市环保企业发行中期票据为主，如中原环保企业发行了2.3亿元的3年期中期票据。

四、促进企业发行债券用于环保项目的建议

（一）实施差别化的管理政策

推动企业通过债券市场获取资金投资环境保护项目，缓解环保企业融资难的问题，是环境金融创新的途径，应当在债券发行制度上实行差别化管理，为环保企业营造良好的政策环境。

一是实行优先审批。对环保企业及为环保项目募集资金的企业的发债申请开辟"绿色通道"，在符合相关规定的前提下，优先审批发行。

二是适当放宽发债条件。建议审批部门放松对环保企业发行债券的审批条件，例如放松对发债额度的限制，取消环保产业"累计债券余额不超过企业净资产的40%"的限制。

（二）加大财政支持力度，加强担保体系建设

一是中央或地方政府利用财政资金发起设立偿债资金。中央和地方政府设置专项财政资金或利用环保专项资金，设立中央或地方环保债券偿债基金，为环保企业提供信用支持。这将有利于缓释债券发行

企业的信用风险，降低企业融资成本。同时，地方政府参与偿债基金的建立，将起到促进当地经济发展和环境保护的双重作用。

二是创新债券担保品种类型。探索以企业排污权、环保基础设施特许经营权等环境权益为担保品的债券发行模式。

（三）完善税收激励政策

通过税收减免或返还等税收激励政策，降低环保企业债券交易费用，有利于吸引投资者投资于环保债券。

一是降低或减免价差收益的企业所得税和营业税。对投资环保债券所取得的价差收益，减免投资机构的企业所得税。

二是降低或减免利息收入的企业所得税。对投资用于环境保护项目和环保基础设施建设项目的企业债券的利息收入，应效仿国债、部分专项债券、地方政府债券、铁路建设债券的税收政策，在一定期限内减征或免征企业所得税。

（四）积极拓展多元化债务融资渠道

随着债务融资工具不断推陈出新，应充分鼓励环保企业利用债务融资工具创新，探索新的债券融资渠道，打破环保企业融资难的瓶颈。

一是发行区域环保企业集优债。利用“区域集优债”的创新融资模式，地方政府、环保部门、金融机构联合筛选出区域内具有核心技术，产品和服务拥有良好市场前景的环保企业，通过地方政府偿债基金缓释风险，在银行间债券市场发行环保企业集合票据。

二是发行中小企业私募债。中小企业私募债券遵循市场化发行机制，不设行政许可，对信用评级无强制要求，且无盈利指标限制，使企业发债门槛大幅降低，有利于拓宽中小环保企业直接债务融资的渠道。

三是发行资产支持票据。资产支持票据的关键在于基础资产将来具有稳定的现金流收益。拥有污水处理费收益权、环保基础设施 BT[①]、BOT[②] 建设合同等应收债权的企业，适合采取资产支持票据的方式募集资金。

（五）积极开展地方试点工作

环保部应积极会同地方政府、中国人民银行、证监会等部门，选定一批具有良好发展潜力的环保企业，联合债券承销机构，为环保企业量身定制出个性化的债务融资方案。通过地方试点，设计相关有效的监督、激励和问责机制，设立地方偿债基金，调动地方政府及相关部门参与环保企业债务融资项目管理的积极性。

① BT（Build-Transfer）即建设——移交，是政府利用非政府资金来进行非经营性基础设施建设项目的一种融资模式。BT 模式是 BOT 模式的一种变换形式，指一个项目的运作通过项目公司总承包，融资、建设验收合格后移交给业主，业主向投资方支付项目总投资加上合理回报的过程。目前采用 BT 模式筹集建设资金成了项目融资的一种新模式。

② BOT（build-operate-transfer）即建设—经营—转让，是私营企业参与基础设施建设，向社会提供公共服务的一种方式。

中国一般称之为“特许权”，是指政府部门就某个基础设施项目与私人企业（项目公司）签订特许权协议，授予签约方的私人企业（包括外国企业）来承担该项目的投资、融资、建设和维护，在协议规定的特许期限内，许可其融资建设和经营特定的公用基础设施，并准许其通过向用户收取费用或出售产品以清偿贷款、回收投资并赚取利润。政府对这一基础设施有监督权、调控权，特许期满，签约方的私人企业将该基础设施无偿或有偿移交给政府部门。

希望绿色债券发行有统一标准

陈 亚 芹*

什么叫绿色债券？绿色债券是在银行间市场发行的有价证券，戴上绿色的帽子使资金的投向有一个定向性的特征，专项用于绿色产业的投资和信贷的支持。

我们的研究包括以下几个方面。

第一，我们对目前国际的绿色债券发展情况做了一个系统的梳理。绿色债券作为融资产品本身，在国际上已经是一个成熟的产品。仅 2013 年一年，在国际市场上就已经发行了几百亿美元的绿色债券，绿色债券受到国际投资者的追捧。

第二，为什么要做发行绿色债券这个事情，为什么做这个研究工作？从以下几个方面介绍开展这个工作的必要性。

1. 结合绿色产业巨大发展需求带来的巨大融资需求，我们需要进一步拓宽我们资金的来源。

2. 结合金融创新本身，这也是金融创新的一个很好的试验，也符合现在国家产业政策所引导的开展多种金融创新的要求，来满足绿色产业的融资服务。

3. 充分发挥专项债券定向性的作用，实施对绿色信贷产业的有效支持。

* 陈亚芹：兴业银行总行环境金融部市场开发处处长。

4. 最重要的是对于绿色产业融资需求的期限匹配问题，能够提供一个银行对绿色信贷产业中长期信贷的投放能力。

结合这些需求，我们提出了以下的政策建议：

1. 对绿色债券本身的定义，银监会的绿色信贷指引中已经对什么叫绿色信贷有了一个明确的定义，总共划分为十二大类，几十个细分行业，我们的投向希望采用银监会的这套标准。我们建议在绿色债券市场成熟，有了先例的基础上，让各家银行结合自身的一些资产的情况，进行一些绿色债券的个性化的方案设计。比如发行一些投向专项领域的，水资源能效的专项债券。

2. 监管政策支持方面，我们希望从发行方方面给予一些激励的政策，比如参照小微企业，还有"三农"债券发行的一些目前已有的政策，绿色债券项下的信贷资产不纳入存贷比，享受一定程度上的风险权重，比如小微企业，现在享受75%的风险资产的优惠。

3. 发债机构在绿色债券项下的资产能够享受税前的拨备计提。

4. 在不良容忍率方面，绿色信贷在目前绿色资产中的资产质量是优于一个平均对公的信贷资产的，我们希望从政策的层面释放一个激励的信号，给予一定坏账自主核销之类的更宽限的容忍度。

第三，财政的配套政策支持方面。这主要是考虑绿色债券的投资者以及信贷资源的使用人。对于投资者来讲，我们建议风险资产的占用也能享受一定的优惠，比如说比例减半，以及对其投资绿色债券所带来的收益，能够享受一定的免税政策，这在国外也是比较通行的政策。绿色信贷的用款企业，建议与公共财政进行结合，比如享受一部分的贴息，以及一些公共资金的扶持，充分发挥它的杠杆作用。

针对绿色债券的发行，我们希望能够形成一个统一的标准，操作流程更加公开、透明，这样就有一个跟踪评价体系，对资金的募集、使用、投向以及后期的环境效益都有一个检测、管理和评价体系。

在绿色债券发行的审批流程中，我们希望有一个绿色通道，提高审批效率，吸引更多的发行方愿意使用绿色债券的产品。

我国商业银行低碳信贷标准研究

许寅硕　吴天然*

商业银行在社会经济活动中肩负着信用中介与金融服务的基本职能，对引导企业扭转污染环境、浪费资源的粗放经营模式，助推低碳经济转型起着不可替代的作用。国际上一些商业银行充分利用低碳发展的大潮，设计推出了一系列创新型低碳金融产品，低碳信贷是其中的一项重要内容。为顺应国际形势，响应我国节能减排的政策号召，我国商业银行也开始设计与开展低碳信贷业务。然而当前国内低碳信贷业务尚处于起步阶段，缺乏统一的具备可操作性的低碳信贷标准，阻碍低碳信贷的发展。结合国际低碳信贷发展的经验和我国国情，我国商业银行低碳信贷标准应包括低碳信贷风险识别、低碳信贷项目分类、低碳信贷项目评估以及低碳信贷项目管理四个方面内容。

当前社会经济生产与消费活动，正对我们人类赖以生存的环境产生着极大的影响，粗放型的经济生产模式使得大量温室气体排入大气，全球气候变化带来的极端天气事件层出不穷，且越来越频繁，应对气候变化已成为全球共识。如何更有效地减少温室气体排放，实现

* 许寅硕：澳大利亚南昆士兰大学环境金融学博士，中央财经大学财经研究院助理研究员；
吴天然：中央财经大学金融学院金融学硕士研究生。

低碳经济转型，成为制约各国经济社会可持续发展的瓶颈问题。

一、商业银行在低碳经济转型中的作用

商业银行在实现低碳与可持续发展中占据重要地位。商业银行在社会经济中肩负着信用中介和金融服务的基本职能，当这些职能被频繁地用于对气候、环境和社会有害的活动时，商业银行也会成为导致气候变化、环境破坏的行为主体；反之，若商业银行的职能被广泛运用于保护环境的活动中，将会对融资主体的行为产生积极影响。这是因为商业银行通过其所提供的一系列金融服务与资金支持，可对其所支持的企业与客户施加影响，甚至有能力左右项目最终能否得以施行。因此，商业银行在通过控制资金流向，引导企业扭转污染环境、浪费资源的粗放经营模式，助推低碳经济转型中起着不可替代的作用。

当前全球诸多商业银行已开始关注其业务造成的环境和可持续性的影响。在我国，为大力响应开展节能减排的政策号召，满足低碳经济发展对商业银行的金融需求，我国商业银行开始设计与开展低碳信贷业务。低碳信贷通过“信贷+低碳”的金融杠杆作用，将环境问题、经济问题、金融问题落脚到银行业最细微的信贷环节。低碳信贷业务为我国银行业转型、参与低碳经济提供了重要机遇，并有望成为商业银行业务拓展和盈利可持续增长的重要源泉。

二、我国商业银行低碳信贷发展面临的挑战

当前我国低碳信贷业务尚处于起步阶段，商业银行在开展低碳信贷业务方面面临着诸多问题和挑战，可操作性亟待提高。例如，如何界定低碳项目，如何评估项目的环境与社会影响，如何测算项目的风

险和可行性等。同时，虽然一些商业银行尝试提出了自己的低碳或绿色信贷标准，但是这些标准对低碳项目的审核方式与内容设定各不相同，它们之间缺乏统一可比的内容，这成为低碳信贷发展的一大阻力。

缺乏体系的低碳信贷标准将增加行政与运营成本，限制商业银行开展低碳信贷业务；向市场传递错误信号，低碳项目开发者无法获悉最准确的内容，这将会降低其投资开发低碳项目的积极性。同时，商业银行自定的低碳信贷标准缺乏科学和有效的监督方法，导致低碳信贷业务鱼龙混杂，一些不属于低碳的项目也能够获得低碳信贷的扶植；监管机构缺乏对商业银行在低碳信贷方面所开展工作的清晰掌握，无法制定相应的支持政策。

只有在业务操作中构建统一的可操作的低碳信贷标准，并将其制度化，在相关业务和部门中透明有效地加以实施，通过商业银行有效遏制其支持的企业与项目对环境、气候所产生的负面作用，推进低碳技术的开发与应用，才能真正有效发挥商业银行在助推低碳经济转型中不可替代的作用。

三、国际项目融资的低碳信贷标准

当前，国际上项目融资的低碳信贷标准以赤道原则（Equator Principles，以下简称 EPs）为代表。EPs 是金融机构在识别、评估和管理项目融资中的社会和环境风险时自愿遵守的一套标准，被视作金融行业发展可持续项目融资的“黄金标准”。EPs 不是国际法，不具备法律约束力，但是它已成为国际项目融资的行业标准和行业惯例。

EPs 要求金融机构对于适用范围内的项目融资，按照潜在的环境与社会影响程度将项目分为高风险（A）、中风险（B）、低风险（C）三类，并结合项目风险分类审查项目的环境和社会风险，与借款者签订契约，聘请独立的环保专家负责审查项目的社会和环境评估报告、行动计划以及磋商披露的记录等资料，对项目建设和运营实施持续性的监管，并定期披露银行 EPs 的实施情况。

可能严重改变环境原状且产生的不良环境和社会后果不易消除的项目将被评定为 A 类项目，例如大型油气开发项目，油气开发可能会严重影响开发区域海洋生物的生活环境，且油气管道的铺设可能会导致大规模的移民搬迁，影响重大且后果难以恢复。B 类项目是指会对环境或社会造成一定不利影响，但大部分影响是可以通过减缓措施加以消除的项目，例如纺织印染项目，其污水排放和噪音污染问题突出，但往往可以通过污水回收处理系统和噪音控制措施对问题加以控制和解决。C 类项目是指不会对社会或环境产生明显不良后果的项目，比如咨询、保险等金融服务业项目等，无需银行在环境与社会风险管理方面给予重点关注。

四、我国商业银行低碳信贷标准

结合国际低碳信贷标准，我国商业银行低碳信贷标准一般应包括以下四个方面：低碳信贷风险识别、低碳信贷项目分类、低碳信贷项目评估以及低碳信贷项目管理。

为确定低碳信贷标准是否适用某一项目，银行首先需要设计项目过滤机制，过滤机制下留存的项目再按照低碳信贷标准进行。常用的过滤机制包括：

第一，禁贷名录。列示于名录内的经济行为或项目不能获得银行贷款。第二，项目融资方经营活动的规模。如果经济活动不包含在禁贷名录中，经营活动也需达到特定规模才会被纳入评估过程。第三，敏感行业。银行可以根据需要决定将某些会带来一定程度环境和社会影响的活动纳入敏感行业范围。

（一）低碳信贷风险识别

过滤机制留存的项目进入低碳信贷风险识别阶段。这一阶段，银行将识别项目或贷款活动可能带来的环境、气候影响和社会风险。为此，将对融资方业务活动的环境、流程以及投入要素进行分析，并对融资方用于防止和降低环境和社会影响所必需的控制和管理措施进行详细分析。

（二）低碳信贷项目分类

在低碳信贷项目分类阶段会通过初步筛选进行项目风险分类，从而决定项目需要的环境和社会评估的性质和程度。根据项目或业务活动的类型、所在地、敏感性以及规模，项目可以被分为高风险（A）、中风险（B）和低风险（C）（A 类、B 类、C 类项目的定义同 EPs）。如果项目具有显著的经济、社会和环境影响，应该召集外部专家进行评审；当对项目的环境、气候和社会影响产生质疑时，有必要使用现场核查手段。同时，银行应该建立数据库，对高风险活动和行业、环境管理和控制负责单位，以及该区域负责环境和社会问题的专家信息进行信息备案。

（三）低碳信贷项目评估

项目风险类别不同，商业银行进行低碳信贷项目评估的工具和程度也不相同。对于 A 类项目，需要对其进行如下步骤评估：

（1）环境影响评估，识别并评估项目的环境、气候和社会影响，设计减缓、管理和监督措施。

（2）环境行动计划，确定项目实施阶段需要采取的减缓、管理、监督以及制度措施。

（3）环境审计，对项目环境、气候和社会影响的程度和性质进行诊断，确定合适的减缓措施，评估其成本，证明合理性和可行性，并为减缓措施的实施规划进度表。

（4）公众咨询和信息披露计划，明确咨询和信息披露的地区性需求，识别主要利益相关者，提供信息共享以及向利益相关者咨询的策略和时间表，明确实施该计划所需的资源和应承担的责任，并出示报告，记录咨询和披露活动。

B 类项目对应的评估工具包括环境管理分析、合规性评估、纠正行动计划、公众咨询及信息披露计划。环境管理分析使得银行能够确定可能对环境、气候和社会产生有害影响的活动性质和范围，同时银行还能够借助该工具确定项目融资方的环境社会风险管理体系或活动的类型。合规性评估能够识别潜在债务（对项目融资方现金流的潜在影响）、员工以及社区的环境和社会顾虑、项目融资方管理、环境管理分析过程中识别出的风险以及遵循环境与社会标准的能力。纠正行动计划使得银行能够确定项目的环境、气候与社会影响对融资方财务状况的影响程度，该计划为每个潜在风险设计解决措施。

（四）低碳信贷项目管理

低碳信贷项目管理阶段，银行将监督、减缓、控制所可能发生的风险及加强制度性措施的实施。低碳信贷项目管理应该贯穿信贷的整个生命周期，以确保融资方到期还款及定期支付利息，并确保将银行面临的环境和社会风险控制在可接受范围内。项目管理将对项目可能产生的气候、环境与社会风险的监测和控制活动进行监督；转移不能预防、减缓或补偿的气候、环境或社会风险。可采取的措施包括：协议或担保、合规性条款、保障条款、担保人承诺书、保险条款、利率及贷款期限、规定费用或环境责任；对项目实施过程中出现的环境或社会相关的变化进行监督。

推动投资机构自发形成绿色投资者

解 洪 兴*

中国清洁空气联盟是在中国新能源基金会支持下、由致力于空气污染防治的机构共同发起的智库平台。我们协助各级政府进行科学决策，制定有效政策，并推动相关政策落地，实现改善空气质量的目标。在生态金融中，政府角色是个非常大的范畴。今天我给大家汇报的只是其中一个很小的领域——在推动小的投资机构自发形成绿色投资者网络的议题下，政府可以做哪些工作。这个课题也是由中国人民银行和联合国环境规划署共同牵头的绿色金融工作小组的子课题之一。

首先跟大家谈一下什么是绿色投资。目前对绿色投资的定义是两个维度。一是责任的维度。投资者应当对其投资负责任，从环保风险的角度进行控制。二是投资应该专注于对改善环境有效的项目和企业，包括绿色技术、清洁能源和清洁交通等。

目前中国的环境政策正进入快速更新的阶段，这给投资机构带来了很大的投资风险，同样也带来了很大的投资机遇。未来排污成本以及环保违法成本会不断提高。2014 年北京和天津的排污费水平已经提高了超过 10 倍，北京是 15 倍，天津是 12 倍。环保违法、惩罚在 2015 年的“新环保法”开始实施时，“按日计罚”模式也被推出，

* 解洪兴：中国清洁空气联盟秘书长。

违法处罚上限不再是50万元，而是一天不整改罚50万元，第二天100万元，第三天150万元，违法成本也有了大幅度提高，这可以推动企业加大环保方面的投入，也为投资机构带来了更多的机遇。

有了这个大方向，绿色投资者网络就可以成立，以推动投资机构更好地管理环保风险，更有效地识别在政策变化过程中所出现的绿色投资机会，并共同推动中国绿色事业的发展。

针对绿色投资者网络的运行，我们列出以下主要目标。第一，支持投资机构在投资决策时运用比较科学的工具开展环境评估；第二，让所有参与的投资机构和上市公司督促被投的企业更好地公开环保信息，承担更多责任；第三，通过这样的网络，凝聚绿色投资者的力量，这样可以将很多投资机构对政策的看法和建议整合起来，再与政策制定者沟通，推动政策的更新；第四，建立多方的合作与交流，推进国内国际交流合作机制的形成；第五，确定绿色投资者网络核心的工作范围。

那么，对形成这样的绿色投资者网络有哪些政策建议呢？

第一，希望相关政府部门或其主管的研究机构参与发起创立绿色投资者网络的倡议。这是学习联合国的模式，使得网络的公益性和权威性得到有效验证。第二，倡导政府主管的投资机构以及平台参与绿色投资者网络。有很多政府主管的投资机构，比如社保基金、人寿、人保等，他们的资金也是为了保障人的健康和提高社会福利，从其使命看也有义务支持绿色投资的推广。他们如果加入进来，也可以拓展这一网络的影响力。地方政府的投资平台，也可以推动地方绿色项目的落地。第三，结合绿色投资者网络，可以开展绿色投资政策的研讨和应用试点。通过绿色投资者网络，会有一大批对绿色投资感兴趣的投资机构，他们在这个领域已经有一些比较好的实践和经验，这其实是可以很好地回馈给相关的政策制定方，并且有好的政策试点可以让这些投资机构先尝试，来推动相关政策在全国的推广。第四，通过这个网络开展能力建设。环保政策的更新与投资机构的日常工作还是有很大脱节。怎样让投资机构有效地了解这些信息呢？怎样让他们应用投资评估工具？在这些方面，绿色投资者网络可以扮演很重要的角色。第五，绿色投资者网络还可以推动绿色消费。绿色投资者网络通过推动绿色消费和绿色教育，就可以让更多的公众参与进来。

我们已经尝试了绿色投资者网络的试点，叫中国清洁空气投资者沙龙，发起了清洁空气投资者倡议，已经有近三十家机构签署加入这个倡议，但这些投资机构基本还是私营的。我们希望未来能有更多有影响力的投资机构，尤其政府主管的投资机构能够加入进来。

英国支持绿色金融发展的举措

爱德华·贝克*

英国政府在支持绿色金融发展方面的做法包括总体政策指向、激励、管理和建立机构整体政策导向。

总体政策指向，是应对气候变化和环境威胁。这些都与市场机制失灵有关系。政府的工作就是要理解这一点，并采取行动加以改变。英国非常担心环境问题，但认为最大的威胁是气候变化，所以英国通过一些法律，提出了雄心勃勃的目标：到2050年削减50%的温室气体排放。不仅有长期目标，还有一个近期目标，即2015年的目标。这个目标推动了我们绿色的思维，并且也在推动我们思考如何实现这些绿色的目标。

激励政策，可以是运用市场的机制。英国非常喜欢这些方面的激励，可能可以提供一些税收方面的优惠。在1998年之前，英国只有70%的废弃物进行回收循环。1998年，英国出台了一个土地税收法，之后废弃物回收比例大增，因为英国政府改变了它的行为方式。

此外，还要考虑政府监管问题，就是直接干预问题，比如信息披露。现在美国鼓励企业公布环境信息，但我们英国已经这样做了8年，大约80%的上市公司都遵守这一规定。去年关于二氧化碳排放的信息披露已经成为强制法案，落实到了4万家企业当中。

---

* 爱德华·贝克：英国外交部的“中国繁荣战略基金”绿色金融负责人。

最后，我建议中国成立一家绿色投资银行。我们为什么要成立英国绿色投资银行呢？其中一个原因是仅仅依靠碳交易本身是不够的，碳交易给我们提供一个信号，但这个信号是远期的。我们近期有一些问题，绿色投资银行是解决短期问题的工具。绿色投资银行还可以激励市场的发展。现在已经两年了，它的效果非常好。绿色投资银行投资了 16 亿英镑，吸引了 50 亿英镑的投资，这是 1∶4 的比例，它每年的投资收益率达到了 9%。当然，英国的经验并不是完美的。

所以我的观点是：首先有个正确的认知，并考虑如何推动改变。

中国的生态金融与世界环境

尤科赛尔·戈迈兹*

生态金融对中国和世界都是有利的。如果没有对中国的正确理解和分析，就不可能理解世界的情况，生态金融也是一样。因此，中国的环境问题是一个全球性的问题，中国环保问题的解决方案也可对世界作出巨大的贡献。

如果我们今天不开始行动的话，那么未来就会有很大的压力。所以，在中国发生的鲜活例子表明必须减少环境问题，特别是发展经济不应对环境造成太大的损坏。如何扭转全世界环境恶化的趋势，如何解决中国的问题是我们讨论的目标。很多人都认为金融只是一张纸，但是金融可以对社会起到巨大的作用，因为企业家会选择最好的投资、最大的回报率；政府会收税，税务可以提高政府金融的力量，促进可持续发展，政府还可以调整经济结构。

作为企业家，如果不考虑环境问题的话，也就意味着他们是在偷盗未来子孙后代的收入，那样的话，人民币或者美元现在的升值和将来的贬值是一样地剧烈。因此，中国未来如果实现可持续发展，就意味着经济的稳定性也会得到强化，能够给世界经济提供更多的金融支持、经济支持。在税务、金融、调整经济结构等方面，中国将会出台非常有效的政策，迫使企业家去考虑他们资金的成本。

---

* 尤科赛尔·戈迈兹：土耳其中央银行北京经济参赞。

这和欧洲、美国、日本的情况是类似的。不仅在日本有政策性银行投资解决环境问题，在其他国家也有。所以，环境问题不仅仅在中国，在世界上都是一个结构性的问题。空气污染、土地污染、水源污染，以及食品安全问题会影响中国经济发展的潜力，最好的解决建议是开始清洁的发展，这个行动会给大家带来信心，不仅仅是监管，政策方面也都会给大家带来信心。

顶层设计在中国可能会产生环境问题的投资，所以政府的补贴是需要的。当然，短期来讲，政府的补贴有时候也是必要的，我们不认为市场机制是完美的，所以在一些情况下还是需要政府介入。政府可能不把自己的问题和其他国家的问题视为一样。中国梦有两个计划，一个是2021年实现的目标，一个是2049年实现的目标。这就是政府的责任，政府的责任可能已经完成，但是社会责任是许多企业需要承担的，有的企业已经承担了它的社会责任。

在中国，企业承担的社会责任还是不足，每个人都要担负起自身责任，反对环境污染，这是中国实现长期目标的唯一途径。

应将环境成本内化到企业的成本里

綦久竑*

生态金融用两个词来概括，就是低碳经济加市场经济。

低碳经济只是一个广义的词，它有很多的定语，事实上就是要实现绿色、生态、低碳、循环的经济发展。生态金融主要是要校正当前的资金配置方式。

要实现这种情况，首先一点是在整个企业层面我们要重新衡量成本。因为我们央企、国企、民企的融资成本差距是很大的，所以很难找到一个真实的社会平均资金成本。现在谈到所谓的金融市场改革，就是要来推动市场，发现真实的社会平均资金成本。即使把社会的平均资金成本覆盖过后，这在我们目前的评价体系来看也算是优秀企业了，但是有一部分成本没有计算进去，就是环境成本。环境成本是被很多企业忽略的，但事实上它是存在的。

环境成本目前由谁承担呢？就是公众和政府。公众用未来的健康来承担。政府怎么承担？很重要的一个方面，就是公共卫生的支出，还有就是未来的环境修复和生态修复，这样的支出是大量的，但这些成本还没内化到企业的成本里。

生态金融最重要的一个目的，就是要把环境成本用一种有效的方式内化到企业的成本结构里，纳入到它的资产负债表进行财务考核。

---

* 綦久竑：北京环境交易所研究发展部主任。

只有把这种资本成本和环境成本都覆盖了，最后才是企业真实的盈利、真实的利润。这些达到盈利水平的企业，在我们目前的评价体系里，应该就是顶尖的企业了。生态金融的使命就是要推动很多企业发展为顶尖企业。

企业承担环境成本，目前已有一些量化的途径，即北京环境交易所的碳交易。把企业环境成本量化出来就是碳排放权，碳排放权交易有四种。这四种交易的市场形成之后，就可以量化企业的环境资本。

在未来的低碳发展环境之下，所有企业都会面临很大挑战。尤其在目前雾霾挑战如此严峻的情况下，企业会面临来自内外部各种利益相关方的压力，这种压力会从各个维度和角度迫使企业实现低碳转型。未来企业的碳资产管理将和 20 世纪 90 年代以来的几次企业管理革命一样，会是一次大的变革。

对企业来说，环境管理和碳管理是很大的挑战，企业必须在管理环境资产的同时，提升自己的财务绩效和环境绩效。

企业如何提升财务绩效和环境绩效呢？最重要的就是通过市场机制和市场平台去推动实现。金融机构的绿色投资也可与企业的低碳转型结合起来，通过一种市场化的途径来推动企业转型。

环境交易所提供了一个买卖双方资源会聚、交流信息的平台，其终极使命就是推动中国未来形成一条市场化的社会平均环境成本的曲线，如果能实现的话，谈到绿色金融市场化的定价就有了一个技术方面的前提。

北京环境交易所成立于 2008 年，目前发展成为中国最重要的环境交易市场之一。北京环境交易所能为政府、企业、金融机构三类客户提供全方位的服务，包括环境资产类的交易，还有绿色投融资，以及地方低碳转型的综合服务。

环保评级贷款具有宣传作用

鹤冈义久*

我们公司是政投银投资咨询(北京)有限公司——日本政策投资银行集团公司，原来叫日本开发银行，相当于中国的国家开发银行。我们不是一般的商业银行，没有商业银行的牌照，所以在中国主要的业务是了解中国的宏观信息，向总行报告，给东京总行做咨询业务。

我们公司1951年成立之时取名为日本开发银行，经历了2009年金融危机、2011年日本大地震，我们现在仍是日本政府100%控股的银行。我们只收集宏观信息，所以团队只有4个人，我本人隶属日本的银行跟信用评级公司，曾经在台北、上海、香港工作过，来北京才6个月，但是一共在中国工作了8年。

环保评级贷款是什么呢？环保评级是跟企业结合在一起的，我们是世界上第一家做这样贷款的机构，是从2010年开始的。评级满分是250分，评级结果采用比较简单的A、B、C三个等级，等级最高的是A级，等级越高我们提供的贷款利率越低，现在日本的利率很低，所以即使再提供优惠利率也下降的不是很多。

为什么我们的环保评级贷款受欢迎？这是因为有宣传意义。得到我们环保评级的机构可以利用我们机构的徽标，也可以在他们的网站上发布评级结果，这对他们来说有宣传效果。现在日本公众越来越关

---

* 鹤冈义久：日本政投银投资咨询（北京）有限公司总经理。

注企业的环保情况，所以企业得到我们环保评级的主要意义就是宣传的意义。

我们开展第一次环保评级是在2004年，麒麟公司和SG公司这两家是相互竞争的公司，麒麟公司最终拿到了好的评级，SG公司也拿到了好的评级，这对公司的影响是非常大的，具体数字不公开。目前委托我们评级的公司将近400家，提供的贷款相当于人民币400亿元以上，虽然只占我们贷款的2%左右，但是在日本大企业里面有400多家客户的话，那么这个产品仍是非常有前景的。

我们的环保评级有宣传效果，如果利用企业的宣传意识使得环保普及的话，对中国也是有参考意义的。

第五篇

生态金融的实现路径

国际碳金融市场的发展趋势及中国的路径选择

安国俊*

哥本哈根会议后，应对气候变化已成为全球各国政府的共识，而低碳经济也随之成为广泛认同的发展模式。我国如何争取主动权，建立和完善碳金融制度以及碳交易市场体系，推动低碳经济和环保产业的发展，是转变经济增长方式的要求，更是我国金融支持实体经济发展与金融市场稳定亟待关注和解决的问题。本文借鉴国际经验，从不同层面对我国发展碳金融市场提出了政策建议，以发挥碳金融在中国经济的战略转型和产业结构调整中的重要作用。

哥本哈根会议后，应对气候变化已成为全球各国政府的共识，而低碳经济也随之成为广泛认同的发展模式。目前，中美在减排问题上达成协议，此举为全球气候变化谈判进程注入了新的希望——全球最大的碳排放国家正在设定时间表，《中美气候变化联合声明》会推动相关谈判，以便于 2015 年年底在巴黎敲定新的全球气候条约。在 APEC 会议上，城镇化被列为亚太经合组织经济创新发展的五大支柱之一，我国在这方面大有可为。我国新型城镇化的重点发展方向为"智能、绿色和低碳"。随着经济持续增长，中国的二氧化碳等温室

* 安国俊：中国社会科学院金融研究所副研究员、中国人民大学重阳金融研究院客座研究员。

气体排放量逐年增加。为此，中国制定了 2020 年单位 GDP 碳排放量比 2005 年降低 40%—45%的长期工作目标，从中央到地方，节能减排目标明确，意味着碳减排在国内有广阔市场空间，低碳环保产业、低碳能源等发展潜力巨大。

低碳经济发展所导致的经济结构、产业结构调整，以及经济发展方式、消费方式乃至生活方式的转变，必然会引导国际金融业由传统金融向碳金融的结构性变革。简单来讲，碳金融是以市场化方式应对气候变化的各种金融手段的概称，从广义上讲碳金融包括了碳金融市场体系、碳金融组织服务体系和碳金融政策支持体系等支持温室气体减排的金融交易活动和金融制度安排。当前国际和国内碳金融的核心部分是碳排放交易市场体系，因此，这里的碳金融制度主要指服务于碳交易市场的一整套金融体系和金融活动。

可以说，全球碳金融市场发展正面临新的机遇和挑战，而我国由于政策原因，对碳交易和碳金融业务理论研究相对滞后，相关机构和人才缺失，没有建立起有效的碳交易市场，这使得我国难以发挥最有潜力的碳资源供给国优势，在国际碳排放权交易定价机制中不能发挥应有作用，进而面临全球碳金融及其定价权缺失带来的严峻挑战。在新的全球碳金融框架下，我国如何争取主动权，建立和完善碳金融制度以及碳交易市场体系，是当前亟须深入探讨的问题，同时也是转变经济增长方式的要求，更是我国金融支持实体经济发展与金融市场稳定亟待关注和解决的问题。

一、国际碳金融市场发展现状

（一）减排手段比较：产业政策规制、碳税与排放权交易

目前，如何有效实现节能减排目标，推进产业结构和经济发展

模式转型，成为亟待研究的问题。目前可用于降低减排的手段大致有三类：一是产业政策规制；二是碳税；三是排放权交易。由于产业政策规制监管成本较高，且在信息高度不对称的情况下，监管目标很难实现，因此，碳税和金融机制(排放权交易)在减排方面更具优势，在欧美国家，这两种手段同时存在。不过，从减排的长期效果来看，金融机制的有效性要大大超过碳税，因此在各国的规划中(包括美国目前正处于立法过程中的《清洁能源和安全法案》)，建立金融机制已成为促进低碳经济发展最为核心的路径。目前，发展碳市场的法律基础主要包括：发达国家温室气体减排的《联合国气候变化框架公约》及其《京都议定书》等国际法规，以及欧盟和有关国家制定的相应法规。

（二）国际碳金融市场的发展

从理论上讲，碳金融是指旨在减少温室气体排放的各种金融制度安排和金融交易活动，既包括碳排放权及其衍生品的交易、低碳项目开发的投融资，也包括银行的绿色信贷碳指标交易、碳期权期货等一系列金融工具为支撑的金融体系。碳金融的功能主要包括价格信号引导减排的成本效益转化功能、产业结构调整的融资功能、气候风险管理和转移功能、促进国际投资流向发展中国家功能。碳金融的兴起源于两大国际公约——《联合国气候变化框架公约》和《京都议定书》的确立。气候政策以法规的形式限制了各国温室气体的排放量，同时也催生出一个以二氧化碳排放权或排放配额为主的权益交易市场。在2005年《京都议定书》框架机制的推动下，减排温室气体的三个灵活合作机制为国际排放贸易机制(International Emissions Trading，以下简称IET)、清洁发展机制(Clear Development Mechanism，以下简称CDM)和联合履约机制(Joint Implementation，以下简称JI)，且允许各国采取以下减排方式：（1）两个发达国家之间可以进行排放额度买卖的“排放权交易”；（2）以“净排放量”计算温室气体排放量，即本国实际碳交易一般分成两大类：一是基于配额的交易，二是基于项目的交易。为从碳减排权中获得能源效率和可持续发展的收益，全球开始建立碳资本与碳金融体系，近几年全球碳交易的配额市场和项目市场逐步形成，并呈现迅猛增长的态势。目前碳排放权的“准金融属性”已开始显现，碳排放权将进一步衍生为具有投资价值和流动性的金融资产。随着金融创新的不断深入，基于碳交易的金融衍生品包括远期产品、期货产品、期权产品及掉期产品不断出现。可以预计，碳排放量交易有可能成为未来重建国际货币体系和国际金融秩序的创新性因素，这极有可能导致未来几十年全球定价权格局的重新安排。目前，全球已建立二十多个碳交易平台，遍布欧洲、北美、南美和亚洲市场，碳金融市场已经发展成为世界金融市场的一个重要组成部分。

面对碳交易市场的迅猛发展，国外各大金融机构陆续开发出基于碳排放权的金融产品并提高相关服务水平，这些服务主要包括：（1）为碳交易提供中介服务，在碳排放权的卖方和终端消费者或贸易商之间进行联络，撮合交易；（2）向 CDM 项目开发企业提供贷款，为产生碳排放权的项目开发企业提供担保；（3）在二级市场上参与碳排放配额交易，为碳交易提供必要的流动性；（4）设计碳金融零售产品、创新碳金融衍生产品；（5）为碳排放权的最终使用者提供风险管理工具等；（6）碳基金专门为碳减排项目提供融资，包括从现有减排项目中购买排放额度或直接投资于新项目。这类基金包括国际多边援助机构所设立的碳基金、各国政府碳基金、金融机构设立的营利性投资碳基金、风险投资基金以及一些自愿进行减排的基金等。

随着金融机构介入碳金融交易的程度越来越深，更多的基于碳排放权的碳金融衍生产品被创造出来。传统的碳金融衍生品主要包括分配数量单位（Assigned Amount Unit，以下简称 AAUs）、欧盟排放配额

（European Union Allowances，以下简称 EUAs）、排放减量权证（Certified Emissions Reduction，以下简称 CERs）等碳排放权的远期、期货和期权合约等，新型碳金融衍生品则主要包括基于应收碳排放权的证券化产品、碳排放权交付保证、碳保险以及各类挂钩“碳资产”的结构性产品或结构性证券。

（三）绿色金融产品不断创新

在发达国家，与绿色金融相关的制度安排和产品的发展已有几十年的经验，由此推动的绿色投资对这些国家的经济结构转型和可持续发展起到了十分积极的作用。绿色金融体系通过贷款、产业基金、绿色债券和股票、保险等金融服务将社会资金引导到环保、节能、清洁能源、清洁交通等绿色产业发展。在绿色信贷方面，许多发达国家的金融机构在政府财税政策扶持下，结合市场需求，采取贷款额度、贷款利率、贷款审批等优惠措施，开发出针对企业、个人和家庭的绿色信贷产品。例如英国巴克莱银行向信用卡用户购买绿色产品和服务提供折扣，信用卡利润则用于世界范围的碳减排项目。加拿大银行的清洁空气汽车贷款、澳大利亚银行的汽车贷款，向低排放的车型提供优惠利率贷款。在绿色证券方面，金融机构运用证券市场工具帮助大型的环境基础设施或节能减排项目融资，并为企业提供与环境相关的避险工具，如绿色资产抵押支持证券、气候衍生品等。在绿色保险方面，根据与环境相关的特点，不断完善为清洁技术以及减排活动而定制的保险产品，如环境污染责任保险、节能减排保证保险等。

从绿色金融体系的国际经验来看，英国绿色投资银行是世界上第一家专门致力于绿色经济的投资银行，为绿色基础设施项目进行融资，并带动私人投资介入。而韩国政府2008年之后出台的《低碳绿色增长战略》和绿色金融计划，大量投资于保障全国生态基础设施的建设、低碳技术的开发、绿色生活环境的创建工作，为韩国经济发展提供了新的增长动力。

二、我国参与碳金融市场的现状和主要问题

（一）发展现状与空间

发展碳金融不仅有利于我国降低减排成本、促进清洁能源产业发展和减缓碳风险，拓展金融创新的领域，同时也是推动我国产业结构调整和经济发展方式转型的重要政策工具。在全球碳市场中，中国是全世界核证减排量(Certified Emission Reduction，以下简称 CER)一级市场上的最大供应国。据联合国开发计划署的统计显示，目前中国提供的碳减排量已占全球市场的1/3左右，据联合国 CDM 项目执行理事会数据，中国目前 CDM 项目数和减排量均居世界首位。

2010年7月20日，国家发展和改革委员会首次提出要在我国特定行业特定地区进行碳交易试点的想法；2010年8月18日，国家正式开展五省八市低碳省区和低碳城市试点工作；2011年11月，国家发展和改革委员会正式批准北京、上海、天津、重庆、深圳五市及广东、湖北两省成为国家碳交易试点省(市)，并于2013年启动地方碳交易试点以及将于2015年把碳交易推向全国，相关政策的出台无疑推动了碳金融的发展。

（二）面临的主要问题

目前，由于碳资本与碳金融发展落后，我国不仅缺乏成熟的碳交易制度，而且缺乏合理的定价机制以及各种碳金融衍生品的金融创新产品。因此，中国在国际碳市场及碳交易链中处于低端地位，话语权的缺失导致只能被动接受外国碳交易机构设定的较低碳价格。尤其在

2008年国际碳市场面临国际金融危机的冲击而出现价格下滑时，中国企业在CDM项目建设周期中承担了巨大的买方违约风险。从已交易的CDM项目看，温室气体、有害气体减排以及风电、水电项目建设占据我国CDM市场的主要份额，这些项目的推进不但有利于发展我国新能源产业及产业结构的调整，还有利于缩小我国与发达国家在节能减排技术上的差距。碳交易价格持续走低，必然削弱我国企业发展CDM项目的积极性，进而可能影响我国节能减排目标、产业结构调整以及经济发展方式转变的实现。因此，系统探讨国际碳市场交易价格的影响因素、波动及走势，对我国把握市场定价权和主动权、规避市场风险、实现产业结构调整与优化目标确定均具有十分重要的意义。

三、中国碳金融市场发展的路径选择

日前，我国七大碳交易试点已陆续于2013年启动，全国碳市场建设也在不断推进，并有望在2016年试运行。总体而言，中国企业对碳金融市场发展带来的机遇与挑战可从以下几个层面着手：

（一）政策与机制层面

探讨碳金融市场的功能及其影响，研究国际碳金融市场的发展现状及趋势，为我国碳金融市场发展提供借鉴。针对减排新格局给中国带来的机遇与挑战，一方面可利用国际碳金融市场寻求技术和资金的转移，促进我国节能减排事业和新兴战略产业的发展；另一方面，探讨人民币是否能够成为碳交易计价的主要结算货币，这在推动人民币国际化进程的同时，对国际货币体系也将产生重要影响。

从制度层面上来看，需要为企业和金融机构参与碳金融市场建立提供相关的政策框架与制度安排，具体包括排放权交易体系及交易平台的搭建、定价机制、政策激励机制、拓展投融资路径(如政府如何引导民间资本进入碳金融领域)、丰富参与主体(如引导银行业承担信贷资金配置的碳约束责任并更多参与碳金融市场)、设立碳基金、培育机构投资者、推出排放权期货等金融衍生品、完善交易所的制度、信用评级、风险评估与管理框架、监管体系等，从制度建设和政策层面谋划中国未来碳金融市场的发展路径；还可以从金融创新层面引入银行类碳基金理财产品、信托类碳金融产品、融资租赁、碳交易保险等，以增强我国碳交易的创新能力，提高我国企业在碳市场的定价权。目前我国已有北京环境交易所、上海环境能源交易所、天津碳排放权交易所等多个交易所从事碳交易，各交易所规划和展开了多样化的业务，项目多以自愿减排交易为主，也涉及 CDM 项目交易和融资咨询等。总体上，交易所的发展还处在产权交易的非金融业务阶段，相对于传统金融业务来说，还没有开展碳掉期交易、碳期权、期货以及碳证券、碳基金等金融衍生品的交易。

另外，应着力扶持培育一批专业化节能服务公司，建立规范有序的节能服务市场和完善的节能服务体系，建立合同能源管理的操作流程指引和风险管理框架，加强政策扶持力度，包括融资支持(如绿色信贷、融资租赁、资产证券化)、财政税收支持、金融服务支持等；从加强财政税收的支持力度考虑，建议减免低碳行业的增值税、消费税、环境保护的“绿色税收”优惠政策，建立国内节能减排财政专项扶持资金和合同能源管理奖励资金，从而推动碳金融与产业结构调整及经济发展方式转变的顺利衔接。

（二）市场建设层面

密切跟踪碳金融市场深化与金融衍生品创新趋势、包括基于 EUAs 的传统衍生品、基于 CERs 和 ERUs 的远期、期货、期权等衍生品，基于投资碳资产未来现金流的证券化产品、碳保险以及各类挂钩

“碳资产”的结构性产品，深入分析其产品设计、定价机制、影响因素及风险对冲机制。相比一般商品交易，碳排放权交易存在着更大的政策性与技术性风险，因而国际市场对于期货、期权等碳金融工具的需求日益显现，而期货市场对于碳市场的价格发现十分重要，其建立会对现货市场的定价发挥引导作用。从某种意义上讲，只有建立了期货市场，中国才能真正具有碳价格的话语权，因此探讨碳排放权期货交易的可行性、交易风险的管理、风险评估监测体系的建立等问题十分必要。因此，中国应积极培育碳交易的多层次市场体系，开展各种远期、期货、期权等碳金融衍生品的创新，为构建碳金融市场及碳资本体系提供建设性思路，从而提高中国在全球碳市场的定价能力。

（三）企业层面

定价机制一直是市场发展的核心问题，为市场运行的成本效率、风险及市场参与主体的各方权益的关键所在。在 2008 年国际碳市场面临国际金融危机的冲击而出现价格下滑时，中国企业在 CDM 项目建设周期中承担了巨大的买方违约风险。由此可见，碳交易价格走低，必然削弱我国企业发展 CDM 项目的积极性，进而可能影响我国节能减排目标的实现和产业结构的优化调整。而在金融危机爆发一年后，欧盟配额价格又出现了上涨趋势，一方面，碳配额价格波动反映了供求关系以及供求之间差距的敏感度，会受到减排目标、配额分配、经济增长率、天气条件、燃料价格差异、减排水平、系统灵活性和抵消量的可得性及成本等因素的影响；另一方面，交易价格上涨体现了经济复苏和市场信心的恢复。因此，系统探讨国际碳市场交易价格的影响因素、波动及走势分析，并对国际碳金融市场的发展前景进行前瞻性预测，对我国企业和金融机构参与国际碳金融交易，提高定价能力并防范市场风险无疑具有十分重要的作用。

（四）商业银行层面

目前，国外银行在发展碳金融方面已先行一步。围绕碳减排权，渣打银行、美洲银行、汇丰银行等欧美金融机构先后在直接投资融资、银行贷款、碳指标交易、碳期权期货等方面作出了有益的创新试验，且许多银行类金融机构都针对碳交易设计出了专门的金融产品，如日本住友信托银行就曾设计出中小企业提供二氧化碳减排指标购买和分割服务的环境类金融产品，新兴市场包括韩国光州银行在地方政府支持下也推出了“碳银行”计划。

相比国外众多银行的深度参与，我国商业银行参与碳资本与碳金融的发展相对落后。尽管国家开发银行等在积极探索针对清洁技术开发和应用项目的节能服务商模式、金融租赁模式等创新融资方案，一些中小型股份制商业银行包括兴业银行也在发展节能减排项目贷款等绿色信贷方面作出了有益尝试，还有一些银行推出了基于碳交易的理财产品，但总体而言都没有深入到核心部分，缺乏对 CDM 相关专业知识及政策法规的深度把握，投资水平与风险管理能力严重欠缺。再加上在制度与政策层面，目前我国不仅缺乏成熟的碳交易制度、碳交易场所和碳交易平台，更没有碳掉期交易、碳证券、碳期货、碳基金等各种碳金融衍生品的金融创新产品，与国际金融机构相比没有竞争优势，使我国面临着全球碳金融及其定价权缺失带来的严峻挑战。

当前，许多承担减排义务的发达国家都在试图通过中国购买减排量，并对具有碳交易潜力的节能减排项目进行投融资。国外一些投资银行和从事碳交易的风险投资基金如瑞典碳资产管理公司、英国益可环境集团、高盛、花旗银行、汇丰银行等，已经进入中国寻找节能减排投融资的机会。碳金融作为一项全新的业务，对商业银行的业务运作模式、金融产品服务和风险管理方式等提出了诸多挑战，因而可以促进我国商业银行创新能力的提升。目前碳金融的创新模式大体包括：银行类碳基金理财产品、以 CERs 收益权作为质押的贷款、融资租赁、保理、信托类碳金融产品、私募基金、碳资产证券化和碳交易保险等，商业银行可以根据业务情况选择性地进行产品开发和创新。目前已有银行推出了 CDM 项目融资和挂钩碳交易的结构性产品等业务和产品，如兴业银行在项目融资方面不断创新，中国银行和深圳发展银行则先后推出了收益率挂钩海外二氧化碳排放额度期货价格的理财产品。

1. 近期布局

积极发展碳金融相关中间业务。逐步发展碳交易代理、碳资产管理、低碳业务咨询服务、设计碳金融相关理财产品等业务。为 CDM 开发企业提供如碳交易保理融资、财务顾问、资金账户管理、碳基金托管等业务。尝试自行推出低碳理财产品，如 CDM 项目融资挂钩碳交易的结构性产品(收益率挂钩国际二氧化碳排放额度期货价格的理财产品)、挂钩国际碳交易价格的碳信用卡、低碳基金、机构性理财投资产品等。

2. 远期布局

设立碳基金，直接参与碳信用交易，支持低碳消耗型企业的发展。同时，商业银行在开发比较有潜力的优秀的 CDM 项目时应积极引入私募基金进入该行业，并设置灵活的退出机制，从而使得私人投资者能够参与碳金融项目利用其拥有的碳资产进行碳金融衍生产品的研发，具体包括与碳排放权挂钩的债券、与巨灾债券挂钩的基金、各类创新型天气衍生品、排放权远期、期货交易、应收碳排放权的货币化、碳排放权交付保证等等。

另外，可以考虑在国内对其有关碳排放权的各项资产实施碳资产证券化。商业银行可以推出各类低碳投资产品，这将极大地丰富我国的碳交易市场。

（五）国际经验层面

借鉴国际经验，我国有必要尽快发展专门的碳基金，探索包括公共碳基金、混合碳基金和私人碳基金等在内的多种发展模式，以介入碳市场建设，提高碳市场的活跃度。可以借鉴世界银行的特别基金设计，联合各部委和若干行业协会，建立以各种项目类型为特征的功能型碳基金，如森林碳汇基金、沼气回收利用基金、生态农业基金等等。此外，有必要建立 CDM 技术转让补偿机制基金，鼓励和促进 CDM 项目业主进行技术转让和扩散，示范和支持相应的融资渠道，如绿色贷款、技术引进信用担保等，帮助项目业主解决在购买先进技术时需要大额初始资金的问题。发展到一定阶段，要有相应的激励政策鼓励私人碳基金的建立和发展，引导民间资本进入碳金融领域。另外也需要尽快探索并明确本土碳基金的投资模式、交易和退出等机制。

同时，考虑到我国对本土碳资产管理公司入市缺乏统筹规划和交易经验，面对复杂多变的国际碳市场形式也同样需要必要的引导，可适当引导国内碳资产管理公司一方面积极采取“走出去”战略，通过参与其他国家成熟碳市场交易的方式，逐步熟悉碳市场的交易规则、交易类型，从而积累经验、储备人才，为最终参与国内市场的交易，应对国际与国内市场的链接做好充分准备。同时，与金融机构积极合作，为顺利开展国内市场的金融服务创新奠定基础。

（六）市场风险层面

关注碳金融面临的风险问题。碳金融蕴含的风险是非常巨大的，不仅存在市场风险、信用风险和操作风险，此外政策风险、法律风险也尤为突出，目前包括金融机构在内的市场主体对政策风险和法律风险还缺乏足够的管理能力。一方面，减排认证的相关政策风险制约市场的发展，包括有关认证的标准和程序会因为技术发展的不确定性以及政策的变化而变化，而且，由于项目交易涉及不同东道国的法律制约构成法律风险的主要来源；另一方面，相关政策的可持续性问题产生了市场未来发展的最大不确定性。目前国内有关碳金融的交易机制与框架、法律法规还不完善，碳金融业务的政策风险和法律风险也比较突出，客观上制约了市场参与者的积极性，这也是目前从制度设计和机制安排上亟待解决的问题。

总体而言，低碳产业将是我国未来产业金融规划的方向，发展碳金融等绿色金融体系是中国经济的战略转型和产业结构调整的重要路径，如何参照赤道原则和国际经验，完善碳金融市场和绿色金融法律框架和监管机制，值得我们在未来的政策研究和实践工作中进一步深入探讨。

中国绿色经济需要全面解决方案

林 卫 基*

对中国方面需要强调的一点是，中国现在正在进行绿色经济的发展，这需要一个全面的解决方案，要包括经济、金融以及国有企业的参与，从而更加良好地使用资源。

绿色金融的作用是什么？绿色金融如何在这样的全面解决方案当中发挥作用？高能耗的经济发展方式并不是可持续的，而且每年需要2万亿元人民币来进行环境问题的治理。这是一个非常高的经济需求，政府只能提供少部分的资金支持，所以需要转变为发展节能环保企业。现在关键的问题是如何资助节能减排发展？绿色金融在未来的10年会发挥巨大的作用。

绿色金融有四个不同的方面。

第一，银行要确定绿色信贷的大原则，这样可以进一步推动绿色金融的发展。在环保部的要求之下，这些银行了解了绿色信贷的规定，现在有12%的银行落实了绿色信贷，大约一半银行在这方面的落实并不是非常有效。很重要的是，银行一定要认识到绿色金融的潜力，它的风险大，但回报也大。所以，这就需要银行自己去找到正确的市场进行投资。

第二，要运用公共资金来推动绿色金融的发展。这需要公共机构

---

* 林卫基：国际货币基金组织驻华副代表。

和金融机构的参与，比如政策性银行和开发性银行起到非常关键的作用，它涉及能否利用公共的资金推动经济的发展。

第三，更重要的事情是，银行如何提供绿色金融资助，我们需要一个更加多元化的资金来源，特别是环保方面我们需要更多的金融来源，比如有些开发银行对绿色发展提供信贷。

第四，需要鼓励私有部门的投资。对于公私合作关系，如何利用公共资金推动绿色金融的发展，比如法制的保护，选择一些好的项目进行投资，对于公共基金的利用很有益处。

在中国选择绿色的项目需要很多资金的支持，特别是在金融发展方面能起到很大的作用，所以我们需要进行更好的选择。私营部门资金撬动经济发展，需要深化私营部门资金的来源，使它的来源更加多元化，而且这些公司要考虑履行自己的企业社会责任，追求绿色发展；同时银行应该强制性落实绿色信贷的指导原则，不仅仅是以一种建议性的方式，更应该是一种强制性的方式。在一体化方面，我们要把外部金融资源引入到内部的绿色发展当中，这是一个良好的发展方面，可能在中国还缺乏这种情况，所以，外部的资金支持也是非常重要的。

看世界上的经验，比如政策性银行或使用公共资源的机构，他们用一些外部资源来支持公共资金的利用。在美国、日本、英国，银行利用信贷来推动中小型企业发展，目标是为绿色发展提供更多的资金支持，在环保和自然资源节约方面都反映到了银行政策当中。特别是商业银行、中央银行的信贷机构都在考虑这些。这是一个巨大的机会，使我们能够为绿色发展找到更多的金融来源。

考虑绿色金融和环保问题时，还需要促进中国经济模式向绿色经济增长转变。更重要的是要考虑整体性的方案，要融合经济、金融、货币以及国有企业等多个方面。需要考虑为什么有一系列的环境污染资源。有些能源消耗非常大的行业，他们在金融监管方面缺乏力度；

有些企业把目标放在能源消耗比较大的方面，因为它能带来很多的经济利益，但会造成污染。所以，希望通过绿色金融的支持来实现环境保护的目标。政府机构加入绿色金融当中也是非常关键的。中国对污染企业的税率比 OECD 国家的平均水平要低，所以中国需要提高这个税率，以进一步控制环境污染问题。

关于绿色金融方面，银行业起到关键的作用。它可以帮助我们限制对高能耗、高污染企业的资金支持，而把更多的资金用来资助绿色的公司。他们是更加环保友好型的企业，应该更多地得到支持。国有企业的改革也是重要的，需要在国有企业和私营企业之间打造一个公平竞争的平台。这些都是比较关键的因素。

用多样化金融手段来促进生态建设

王　遥*

在谈到生态金融话题时，首先要考虑一些基础的问题，现在环境生态、气候风险对金融业到底有什么样的影响？很多金融业从业人员或者绝大多数公众会觉得金融业离环境、社会风险比较远，事实并非如此。我们需要知道生态文明建设有一些什么样的基本内容，促进生态文明建设它的内涵到底是什么？促进生态文明建设要全面促进资源节约，这也是我们在十八大报告以及后面高层次政府文件中对于生态文明建设所提出的概念界定；要加大自然生态系统和环境的保护；要应对气候变化。

因此，生态文明建设就意味着我们下一步的发展就是绿色发展、循环发展以及低碳发展，绿色金融中的金融在其中起到什么样的作用？用多样化的金融手段来促进资源节约，加大自然生态系统和环境保护，应对气候变化，这是我们下一步的目标。

我们要意识到，金融在这里不仅仅是支持的作用。目前存在的生态、环境等风险，对金融业的影响很大。环境和生态破坏、气候变化对金融业的影响是双面的，有正面的，也有负面的。从不利影响来看，比如我们的环境、生态破坏以及极端事件，它会第一时间给保险业以及其他金融业带来很严峻的挑战。从有利的方面来看，由于社会

* 王遥：中央财经大学财经研究院气候与能源金融研究中心主任、研究员。

经济产生的负面影响会迫使人们采取各种方式来应对，因此，运用金融工具也会成为规避风险的一个重要途径。这是环境和气候风险对金融业所带来的双面影响。

对于金融业的负面影响，可以具体分析，思考怎样采取相应的策略和措施，使得这些风险可以成为机遇。

首先，它会给我们带来市场风险，比如说极端天气会带来大面积的经济波动，这个经济波动是非预期的，它会影响到保险、银行、基金管理等金融部门。操作风险也是一样，一次大的金融事件导致当地断水、断电等，也会影响到保险、银行部门，当灾害发生的时候，服务质量会受到影响，比如保险出事故，保险出现问题的时候它的服务质量也会影响到它的声誉，包括银行也是如此。现在很多公司出现环境污染事件之后就会追责银行是否给制造污染者贷款，如果给制造污染者贷款，事实上会给银行的声誉带来影响。因此，这对保险、银行以及基金存在影响。

同样的政策法规，比如现在的碳监管政策，对企业而言会增加很大的成本。更深一步，从全球来看，不仅中国，很多企业都面临政策监管的风险。事件发生后客户违约，因此对资产产生很大的影响，如果银行向这种客户贷款，这个银行的贷款就会受到影响，这是客户的违约风险，也可以理解为信用风险。业务风险也有，可能下一步要将环境和气候影响加入到资产管理中，因此还面临着筛选个人用户的问题。可以说基本所有金融部门都会受到影响。

保险机构是金融业中第一时间因为气候变化、环境保护问题直接面临最大挑战的机构，对于财产险、意外事故险、生命财产险和其他保险而言，这个影响是双面的。开始带来的是挑战，不过再过一段时间就可在从中找到很多的机遇。所以，这其实是金融业的一个应对，在这个风险面前不仅有挑战也有机遇。

对银行机构也是一样，这种分类也是按国际银行的分类：公司银行、投资银行、零售银行，这个影响对他们也是双面的。我们要考虑在发生事故的时候，应该怎样应对。环境、生态和气候风险对金融部门实际有很大的影响并且与之息息相关，现在一味地说金融要支持低碳发展，支持绿色发展，但其实要知道资金有它的本质和性质。要深刻认识到资金性质和自然生态环境之间的矛盾，只有知道这个矛盾，才知道如何采取措施让金融部门支持生态保护。

货币有三性，伴随产生了三种矛盾。资金的安全性是资金使用的基本要求，大部分社会资金对于投资项目有安全性要求，而部分资金对安全性要求如果放松的话那说明它潜在收益更高，超过了它能够承受的风险。可是生态保护的脆弱性，比如极端天气一旦发生，洪水、干旱等自然灾害就会对农业，尤其是投向与农业相关的公司，产生很严重的影响。如果它间接支持生态保护领域的投资，也会面临不确定性和脆弱性，比如新型技术的研发对资金需求大，同时受到目前技术水平的限制，研究投入具有较大的不确定性。怎么解决这个矛盾呢？提升项目的质量，引导市场手段风险偏好比较高的资本进入到这个领域里，引导社会资本进入到有风险的领域需要有激励。政府在里面怎样起到公共资本引导社会资本的作用，怎样会有比较高的杠杆率，这都是值得我们探讨的。

矛盾之二是资金的流动性与生态保护的长期性。资金对流动性的要求是比较高的，生态保护又是个长期的过程，尤其是大型基础设施的建设，投资初期不具备资金回收的条件，因此，也限制了生态保护行动吸纳社会资金的能力。怎样解决这个矛盾？需要寻找与项目期限结构比较匹配的资金，同时要发行相关的金融衍生品，满足对流动性要求不同的客户。积极建设碳市场、排污权市场、衍生品市场等与生态保护有关的二级金融市场，提升市场的活跃度，进而可以提高相关资金的流动性。

矛盾之三是资金的逐利性与生态保护的公益性，或者说它具有公共品属性，这是三个矛盾中最根本的问题。我们总说资金可以支持，但资金是逐利的，无利可图的情况下怎么去支持。比如我们应对气候变化投资，它的回报更多在于产生长期的社会价值而非短期利润指标，所以，大部分是可以承担的。高风险、低流动性资金都要求有较高的项目回报率。怎样处理这个风险？可以开发潜在的投资市场，帮助资金寻找到合适的投资机会，培养企业的社会责任感，通过政策指引和企业文化建设，将资金逐步从单纯的逐利性转向可持续发展的方向。在中国已经有了相当的案例，比如青云创投、中国环境基金下面一些基金和产业基金，他们已经逐渐投向这些领域，已经存在的基金的投资回报率有的已经达到30%以上，这就证明在低碳投资领域风险并不是很大。只要能够找到它潜在的投资市场和好的项目也是可以的。

总而言之，要综合考虑资金的安全性、流动性、逐利性来保护生态环境。不同资金各有特点，比如个人投资者、银行、保险、基金等等，他们对于安全性、流动性、逐利性要求是不一样的，要根据各种资金的特点来匹配需求，这样生态保护就可以吸引更多的资金投入。还有政府的作用，政府的相应补贴、扶持以及金融工具的开发、金融市场完善这些手段都可以对资金的三性来进行平衡。

通过市场机制解决生态环境问题

许 光 清*

我想从四个方面谈一下我个人对生态环境的认识。

第一，生态环境是公共物品，现在的环境污染、生态退化等问题是由于大部分市场失效引起的外部性造成的。金融本质上是逐利的，金融的发展也是基于这样的市场机制发展起来的，怎样把生态环境与金融有机结合起来，这是个非常重要的问题。其实可以通过将生态环境问题的外部性内部化来解决这个问题。比如明确产权，或者建立排污权或碳交易市场解决外部性，通过市场机制给污染物定价，从而解决外部性。也可以通过征收环境税、碳税或排污费的形式把外部性内部化。从这个角度来看，生态环境问题还是需要用经济、金融、市场的手段来解决。

第二，中国的环境问题目前的资金缺口较大，一些环保基础设施、生态修复或新技术，整个生命周期从开发到部署、应用、市场化再到大规模商业化应用，整个链条需要政府在各个环节用各种形式进行一些补贴，比如税收优惠、贷款优惠、关税减免等各种补贴扶持。中国三十多年经济繁荣、经济发展，银行存款、居民储蓄，包括小型民营经济利润增长也为资本市场提供了比较充足的资本，整个水污染、大气污染、土壤污染，减少气候变化需要大量的资金，中国目前

* 许光清：中国人民大学环境学院副教授。

发展阶段也具有这个能力，怎么把这两者结合起来，现在有很多的实践，也有各种各样的扶持优惠政策，利用杠杆作用撬动一个更大的社会资本市场。怎样结合中国的国情和目前所处的发展阶段，发展生态金融是个紧迫的问题。若生态金融发展较好，一方面可以为环境保护、应对气候变化进行融资，另一方面也可以形成一个很好的倒逼机制，为产业升级、经济发展模式转变甚至能源结构改变形成市场化的倒逼机制，那也是一个双赢的机制。

第三，中国目前也还面临很多的问题，因为我国处在计划经济向市场经济转型的过程中，怎样协调政府和市场的作用，有机地协调“看得见的手”和“看不见的手”的作用也是非常重要的问题。目前，中国的过剩产能也不仅是一些高资源消耗、高污染排放的产业，比如钢铁业、水泥业，实际上，有一些新能源产业也是产能过剩的，比如风电配件产业、太阳能光伏发电配件产业等，实际也造成了资金的浪费。在中国现状下，怎样发展生态金融也是迫切的命题。

第四，从环境保护、应对气候变化角度而言需要金融业的参与。因为政府的公共资金、财政资金肯定是杯水车薪。适应气候变化的领域怎样进行海洋带的保护，生态系统的保护以及农业生产怎样规避极端气候事件的影响，海平面上升的影响，造成基础设施的损坏，人民财产损失，等等，在很多发达国家需要保险业广泛介入。发展中国家因为缺乏这样的市场机制，缺乏金融保险业的介入，从适应气候变化、环境保护角度来讲，非常需要金融业的参与，金融业怎样能够有动力参与到这些领域来，需要一些创新和设计，从而达到共赢。

发挥九大绿色金融产品的作用

马　骏*

在切合中国实际情况的前提下，有九个方面的绿色金融产品可以发挥作用：

第一，绿色信贷。绿色信贷的发展还有很大的空间，从它占整个银行体系的贷款比重可以看出。另外，中国还有很多银行没有加入赤道原则，应该有更多的银行加入。在具体工作方面，至少还有三个层面需要努力推动：一是监管层面的绿色信贷指引还可以继续加强约束力。二是金融机构本身更多地可以建立专门的绿色金融的事业部，这样可以提高专业化水平，提高规模效益，也有利于以后新的融资渠道，比如通过绿色债券来推动绿色信贷。三是贴息，虽然有对绿色信贷的贴息，但是规模还比较小，以后从规模方面，还有从贴息的具体操作层面都有可以继续改进的空间。

第二，绿色债券。绿色债券在国外已经运用得很广，据说 2013 年一年就有 400 亿美元的绿色债券在国际上发行，绿色债券的一个好处是如果银行发行，它可以用来支持银行的绿色信贷，如果是企业发行，则可以支持企业的绿色投资。如果设计得好，绿色债券可以帮助解决或者缓解很多绿色投资项目的期限匹配的问题。因为很多绿色项目，尤其是基础设施的绿色项目的还款周期很长，可能是 5 年、10

* 马骏：中国人民银行研究局首席经济学家、中国人民大学生态金融研究中心理事。

年，但是银行负债的平均期限只有5—6个月。如果没有债券这种工具的话，就比较难以匹配。如果绿色债券能够获得投资者所得税减免的优惠，也可以进一步降低绿色投资的融资成本。

第三，绿色股票。在国外只要企业是绿色企业，按照市场的规则，只要市场能够接受就可以上市。但是在中国上市需要很长时间，有一些绿色企业因为没有得到上市的机会，经营非常困难。所以需要考虑绿色企业IPO的快速通道问题，也就是说给绿色企业一个比较简便的IPO的审批程序。

第四，绿色基金。绿色基金有很多种类型，一大类是绿色产业基金，现在很多地方层面已经发行；还有一些是可以被各种投资者购买的基金，像交易型开放式指数基金，这种基金有大量的投资者，包括个人投资者都可以参与到绿色投资当中去。

第五，碳市场和排污权交易市场的发展。碳市场是可以用来降低温室气体减排成本的一个机制，排污权交易刚刚开始试点，以后也可以通过试点逐步发展起来，这两个方面还有很多研究和推动的工作可以做。

第六，绿色评级。目前的评级公司是传统的评级，并不考虑项目发行债券主体的环境影响，以后可以先通过双评级的体系，逐步推向更广泛的绿色评级体制。所谓双评级就是老的评级继续保留，但同时对发行主体或者项目有一个新的评级，这个评级就反映了它的环境影响。如果评级好的话，能够降低这个项目或者企业的融资成本；如果绿色评级很差，可能会提高融资成本。从这个意义来讲，市场机制可以通过绿色评级使更多的资金进入到绿色行业，减少污染型投资。

第七，绿色股票指数。在国外这些指数已经有比较大的影响力，为什么绿色指数也可以引导绿色投资？举例来说，目前主流的股票指数当中，污染型企业占的比重比较大，因为经济结构当中，重工业的比重就很大，包括像煤炭、电力、钢铁、水泥、化工等等。所以有必要创造一些新的绿色指数，提高绿色产业在整个市场的比重，引导更多的资金进入绿色行业。

第八，建立公益性的环境成本核算体系和数据库。主要为投资者提供评估项目的未来投资标准，这些评估都是非常专业的，因此可以建立一个公益性的环境成本核算体系和数据库，为大量的投资者提供低成本的服务。

第九，绿色投资者网络。成立这样的网络，可以让投资者监督被投资企业，披露环境信息，有助于机构投资者遵从环境的评估准则，选择绿色投资的项目。

绿色供应链管理势在必行

武 春 玲*

美国环保协会把无废弃物、无污染物、无任何不良成分和无任何副作用贯穿于供应链中，考虑了供应链中各个环节的环境问题，注重对环境的保护，同时促进经济与环境的协调发展。换个角度理解，它可以被视为环境管理的手段，通过市场机制，充分发挥采购商、供应商对环境监督的效用，调动供应商对环境保护的基础性、主动性和创造性，进而带动整个供应链和相关企业环境的改善。2012 年年底，在之前的绿色供应链实践与创新研究的基础上，我们又与合作方在上海、天津开展了绿色供应链管理示范项目，我们项目针对的主要是中小企业。

我们在项目实践中的体会是，供应链上的广大中小企业普遍缺乏环境意识，自我创新弱，难以监管，但他们数量众多，对吸收劳动力就业和支持经济社会发展都发挥着重要的作用，应该得到实际的帮助。绿色供应链管理最基础的工作就是推动广大供应商在生产过程中严格遵守国家相关的法律法规，做到守法合规，这是发展绿色供应链的根本前提。另外，在一定时期内，中小企业管理工作的提升能较快提高能效，这说明让产品变得更绿色并不难。

APEC 会议第 22 次领导人非正式会议宣言第 21 条提出，同意

* 武春玲：美国环保协会中国项目部副主任。

建立亚太经合组织绿色供应链网络，批准在天津建立首个亚太经合组织绿色供应链网络中心和示范中心，并积极推动相关工作。在此背景下，以市场的力量推动企业转型，推动企业对产品的上游进行全过程的环境绩效监管，继而提升持续的竞争力，将势在必行。欢迎广大金融企业关注其中广阔的碳减排市场，为生态文明建设作出更多的贡献。

应建立企业环境信用数据库

桑　强*

绿色保险是因企业发生的环境污染，对第三者造成人员伤亡、财产损失发放的保险。如果从绿色保险角度来说，又被称为环境污染责任保险，它是一种风险分担机制，像赔偿责任的分担机制。

现在国家加强生态文明建设，加强环境治理的迫切性、必要性越来越突出。现在我们生态文明建设面临很严峻的挑战，十八大把生态文明建设纳入中国特色社会主义五位一体的布局当中，把生态文明建设提高到了前所未有的高度。从切实的感受来说，这方面的挑战还是非常严峻的，具体的表现包括突发的环境事件较多，而且增长很快。

比如 2013 年发生了 712 起突发性环境事件，平均每天发生 1.9 起，这些影响大家的身体健康、经济发展，也影响社会的和谐。这样大的背景下，我们强调绿色保险在整个体系当中有社会化的、市场化的绿色保险机制。它在金融体系的保险体制当中有一定的特殊性和独特作用。作为市场化、社会化的环境风险治理机制，在防范风险、承担损害方面有一定的作用，它是绿色金融体系的有机组成部分。

这个机制可以从几个方面来理解。

一是建立市场化的风险转移机制，主要针对投保企业。如果一个企业生产经营过程当中，环境污染风险是它要面临的风险。一方面企

* 桑强：中国人民保险集团股份有限公司博士后科研工作站高级经理。

业肯定要积极主动进行风险防范，另一方面发生危机之后巨额的赔偿需要很多的资金，有可能资不抵债，甚至破产。有这个保险之后，可以让它进行社会再生产的顺利进行。

二是监督控制机制。保险公司在承保的过程当中会有事前、事中的控制作用，他们做保险要达到相应的环境标准，如果企业污染严重达不到相应标准是不能获得保险保障的。

三是费率调节机制。保险费率要与投保企业的风险等级挂钩，即风险高费率高，风险低费率也低，前提满足基本的条件。通过这些督促企业提高环保标准。

我们还会实施监督，当有风险隐患时及时提醒企业采取补救措施，避免事故的发生或者扩大。

四是社会化的损失补偿机制，以往的环境事故之后，企业没有足够的资金进行及时的补偿，责任往往转嫁给政府，有了保险之后，保险公司可以及时地进行补偿，这样可以及时地化解矛盾，避免因为环境风险而引发的一些社会冲突。

绿色保险发展面临的主要问题和挑战大概有五个方面：

一是在国家层面还没有强制立法。《环境保护法》2014 年做了修订，2015 年开始正式实施，但是它只是停留在鼓励投保的层面。在发达国家，包括美国、德国这些国家，都在一些领域建立了强制性的环境污染保险制度。在新加坡、中国台湾地区，在绿色保险发展的初期，也建立了强制的责任保险制度，为了促进这个市场快速发展。

二是环境污染权限追究责任不严，若企业违法成本很低，则没有转移风险的必要性。

三是环境污染损害赔偿没有统一的标准，这样产品费率定价时会缺乏参照。

四是配套支持政府，因为绿色保险还具有一定的外部性问题，一定程度上需要政府的支持来解决市场失灵的问题，绿色保险的发展也需要积极的政策支持。

五是绿色保险跟很多保险一样，会面临道德风险和逆向选择的问题，风险高的主体会选择投保，风险低的主体不愿投保，这样参保企业数量有限，风险就会集中在保险机构，最终会导致这个业务不可持续。

针对这些问题，提出以下几个方面的建议。

一是在国家层面建立环境污染责任强制保险制度。我国存在这样的基础，一方面国家环境保护法提出了要鼓励环境污染保险发展，另一方面2013年环境保护部和保监会也出台了一些指导意见，一些地方政府也开始了一些试点。

二是在这些试点的基础上，应该出台一部全国性的环境污染责任强制保险条例，建立强制保险责任制度。在这个制度里面需要确定投保的范围，选择那些高风险的行业和企业来作为强制投保的试点。

三是加强环境保护方面的立法和执法。

四是出台优惠政策。我们工作小组认为，如果国家能够把环境污染绿色保险作为一种强制投保制度，应该是最大的政策支持。在这个基础上，包括保费补贴和税收优惠，这也是在国家政策允许的前提下出台相关的政策，调动投保人和承保人的积极性。

五是建立一定的评估机制。环境污染很重要的就是环境污染损失的评价，可能损失大、金额高，需要一定的评估机制，因此需要建立这样的机制和机构。

六是建立企业环境信用数据库，受我们工作小组课题的启发，我们认为应该把企业的环境风险和相关的数据纳入到企业数据库中，为产品设计以及承包提供一些客观量化的数据支撑。

七是建立获得绿色信贷必须投保绿色保险的联动机制，形成金融保险支持美丽中国建设的合力，相信通过我们金融小组和工作小组的努力，可以在建设美丽中国的过程中作出更大的贡献。

企业环境信披的四点建议

郭 沛 源*

什么是企业的环境信息披露呢？我们认为一个企业的环境信息披露指企业在防控污染、提升资源效率、推出环境友好型的产品和服务来实现企业的可持续发展中所采取的策略、措施，以及它所达到的效果。可以从两个角度来看：

一是从内容来看，当谈到企业环境信息披露的时候不能片面地说它控制了污染排放的信息，这是其中的一部分，这也包括它所提供的环境友好型的产品和服务。

二是从形式来看，或者内容来看，既包括最终的绩效也包括战略，战略是指怎么想的，不能光说战略不说绩效，还要说怎么做，做得怎么样，这是整个企业环境信息披露的一个全貌。

为什么要做企业环境信息披露呢？毫无疑问，最核心的答案就是企业的环境绩效已经对很多企业，尤其是上市公司或者发债公司的公司价值估值产生了一个实质性的影响。如果我们从两个方面来看企业的环境信息披露。

一是属于静态的，就是常规性的，即这个公司运营怎样，排放情况如何，就是常规性的信息。我们可以根据这些信息去判断这个公司可能存在什么风险，或者这个公司在整个同行当中是处于一个什么

* 郭沛源：商道纵横董事、共同创办人兼总经理、社会责任专家。

样的水平。这对基金公司评估上市公司，或者银行评估贷款客户有非常重要的影响，因为可以看到它的风险，它在行业当中是处于什么样的位置，市场会对这样的信息作出怎样的反应。

比如几年前在美国有一个上市公司，叫得州电力，他们有一天宣布要建设 12 座火力发电站，这样的信息出来之后市场对它做了评估，两三个月之后公司股价跌了 30%，然后这家公司被收购了。

二是突发型的事件。比如一个公司突然漏油，或者突然爆炸产生污染，从披露角度来说这已经构成公司的实质性信息，重大信息对投资人具有重大影响，如果不及时披露的话，先掌握这些信息的人可能会知道这个公司面临重大的风险和可能估值的下跌，他们可以凭此作出优先的选择，因此这些信息应该及时地披露出来。若看这些年发生重大污染的公司，估值有变化的时候就是信息披露的时候。过去我们对企业披露信息没有过多的压力推动，但是很多信息被媒体披露出来，然后市场会做反应，这就是为什么信息会对估值产生很大的影响。

企业环境信息是整个市场中的重要内容，现在企业本身能够披露的环境信息也很少，所以他们没有办法作出一个评估。比如绿色评级和绿色指数，如果没有这些基础的指数无法作出一个合理的判断，这就是环境信息很重要的一个原因。

现在企业披露的环境信息很多是从企业社会责任报告中得来的，目前国内有不少的上市公司披露这些环境报告，大概有 670 家上市公司发布了企业社会责任的信息，包含绿色信息的内容，数量比较大，内容很长，实际真正有价值的信息不多，并且报喜不报忧的情况很多，并没有对企业环境方面做一个评估。

因此我们提出以下几个方面的建议：

第一，制定有强制性的环境信息披露的规定，核心就是要确定环境信息，明确环境信息作为企业信息披露的一个必要的组成内容。我们说企业信息披露，我们知道不应该有财务信息，也应该有环境信息，因为这对投资人有同等的作用。

第二，鼓励监管部门出台强制性的标准，要求上市公司或者发债公司按照披露标准对关键的信息予以定量的披露，这在国际上已经有很多的监管机构这样执行，尤其是交易所，根据统计现在世界上有 12 家交易所有半强制的披露要求，有 7 家交易所有强制性的环境信息披露的要求。我们港交所很有可能在 2015 年出台环境社会和治理的信息披露的指引，很有可能是一个半强制性的指引，因此我们也建议，应该看到这样的强制性对于上市公司和发债公司的环境信息披露的要求，我们特别强调两点。一是关键信息，不需要披露很多，但是要把关键信息说出来。二是定量地披露，不需要长篇大论，把最重要的信息反映出来即可。

第三，希望能够发挥中介机构对于环境信息披露的评价、监督、引导、激励的作用。这里面有两层含义。

一是我们希望中介机构能够起到翻译的作用，金融机构未必可以理解环境披露的信息，因此市场上需要有人对这些信息进行加工，把它翻译成财务人员、信贷人员、投资人员读得懂的信息，这是降低整个信息获取成本的重要手段。

二是监管部门可以制定一个基本的要求，我们仍然希望通过中介机构根据市场的力量引导更高的要求。

第四，强化监管和执法，建议相关的部门联合起来制定一些有实质意义的措施。

最后我想说在管理学当中经常会提到一个逻辑，如果你不能把它量化，不能去测量，你是没有办法管理好的，现在谈的绿色金融同样面临这样的问题，怎么样去衡量一个公司是绿色的，怎么样衡量一个投资是符合绿色准则的，其中一个基础就是衡量，衡量的基础就是信息和数据，这是整个绿色金融工作的一个很基础的部分，我们希望通过这样的建议引起相关部门的重视，推动绿色金融工作的实质性进展。

在碳和其他排放元素上贴上价签

马丁·李斯*

据我了解中国整个环境产业非常重要，因为中国是全球经济发展中非常重要的国家，我们应该关注这个问题。

气候问题是有史以来所有市场的机制问题，不能完全依靠市场来解决所有的问题，比如河流、湖泊等问题。我们市场系统并不好，它不能维持这样一些价值，所以，我们现在的这个世界，总是追求短期的利益，但给人类长期带来了灾难。现在市场价格必须精确地得以反映，我们要了解对经济和社会真正的影响，不仅是短期的代价和影响，还要知道长期的代价和影响。这是我们面临的严重问题，在国内政府层面上我们应该提供一系列可预测的框架，来指导这些私有活动，但我们意识到这个问题但没有采取措施，我们必须提供非常清晰的法规和惩罚机制，在这个框架之下，这些私有企业才能够更好地发展，把挑战转化为机遇，我们现在已经看到很多好的案例，比如在日本 1973 年的案例就进一步展示了可以在能源使用和经济增长方面通过引入一系列政府的激励政策，帮他们实现很好的发展；加利福尼亚也是通过非常谨慎的政策治理了环境；韩国通过关注绿色技术、信息技术，解决他们的问题。

现在在中国以及中国以外都遇到很严峻的问题。绿色问题，我们

---

* 马丁·李斯：罗马俱乐部前秘书长、联合国前助理秘书长、中国人民大学重阳金融研究院外籍高级研究员。

在碳方面应该贴上价签，如果我们不知道碳的价格就无法确保所有的企业能够遵守这个政策，减少排放，我们必须在碳和其他排放元素上进一步贴上价签，这样可以进一步增强减排的力度，减少 80%的碳排放。

关于能源问题，沼气、水、污染等等，它们和再生能源的关联度，使我们也进一步意识到，做投资决策也要考虑它的外部性问题。

不良资产和搁置资产是非常严重的问题，如果我们要保证温度在 2 摄氏度以内的范围增长，就需要做一些措施，对于投资者而言，比如化石燃料产业的投资者，如果不制定一些具体政策，那么无法直接将温度控制在 2 摄氏度以内。在美国现在就很难对火电厂进行投资。

在中国生态金融方面，我们也面临很多不良资产问题，很多机构都已经面临这个问题。整个能源组合结构是现在面临的重要问题，我们可以在燃煤电厂方面进行大量的投资，但一旦在燃煤电厂投资就会严重地污染环境，这是非常大的风险。所以，现在市场的信号，不管是在替代燃料还是替代能源方面都是非常重要的。政府必须通过战略实现经济增长，使能源实现重新组合、结构调整。现在不能再延续过去 40 年能源消耗的模式，所以我们必须要非常谨慎，在能源消耗方式上作出调整。

国际层面上，现在国内政府不仅仅有责任，国际政府也应当承担责任，比如碳排放降低 11%并不够，目前的排放应该降低 27%，这有经济、环境和政治影响，对于中国和其他国外国家、发达国家的关系至关重要。气候融资是非常重要的问题，它是政府间探讨的重要话题。我们现在将气候讨论来提升到和世界银行、国际货币基金组织对话当中，表示气候谈判是非常重要的话题，也是非常重要的一个机会。

我们有很多人才，有很多智库，不能忽视这些学术机构发挥的作用。应该把 GDP 与社会问题、环境问题结合在一起，不能孤立地看 GDP 的问题，否则就没有意义。

参考文献

[1]陈平、黄健梅:《我国出口退税效应分析:理论与实证》,《管理世界》2003 年第 12 期。

[2]樊琦:《出口退税政策与我国出口商品结构优化》,《国际贸易问题》2009 年第 11 期。

[3]耿妍丽、邹骥、许光清、王克:《能源技术的学习曲线研究》,《环境保护》2009 年第 4 期。

[4]国家气候变化专家委员会:《减缓与适应气候变化关键技术的需求初评》,2009 年。

[5]黄贤、钟为亚:《我国绿色金融发展问题及对策探讨》,《环境保护》2014 年第 14 期。

[6]贾建华、赵静:《出口退税政策与我国的钢铁产业》,《西部论丛》2010 年第 8 期。

[7]贾顺平、毛保华、刘爽等:《中国交通运输能源消耗水平测算与分析》,《交通运输系统工程与信息》2010 年第 2 期。

[8]李飏:《"西电东送"环境减排效应研究》,《中国人口、资源与环境》2010 年第 9 期。

[9]刘穷志:《出口退税与中国的出口激励政策》,《世界经济》2005 年第 6 期。

[10]马秋君、刘文娟:《基于绿色信贷的我国商业银行环境风险管理体系研究》,《中国人口、资源与环境》2013 年第 11 期。

[11]马中:《建立环境财政是中国发展市场经济的必然选择》,《环境保护》2004 年第 11 期。

[12]马中、石磊:《新形势下改革和加强中国环境保护管理体制的思考》,《环境污染与防治》2009 年第 12 期。

[13]毛显强、曾桉、胡涛等:《技术减排措施协同控制效应评价研究》,《中国人口、资源与环境》2011 年第 12 期。

[14]宋秀普:《出口退税政策调整对钢铁产品市场的影响分析》,《冶金经济与管理》2008 年第 3 期。

[15]苏东海:《出口退税政策调整对我国经济影响的实证研究》,《金融研究》2009 年第 6 期。

[16]苏明、刘军民、张洁:《促进环境保护的公共财政政策研究》,《财政研究》2008 年第 7 期。

[17]孙洪庆、邓瑛:《对发展绿色金融的思考》,《经济与管理》2002 年第 1 期。

[18]汤伯虹:《我国发展绿色金融存在的问题及对策分析》,《长春大学学报》2009 年第 9 期。

[19]王会芳、蒋雪梅、徐山鹰:《基于可计算一般均衡模型的出口退税政策效应分析》,《系统科学与数学》2011 年第 3 期。

[20]王军华:《论金融业的"绿色革命"》,《生态经济》2000 年第 10 期。

[21]魏学好、周浩:《中国火力发电行业减排污染物的环境价值标准估算》,《环境科学研究》2003 年第 1 期。

[22]熊学萍:《传统金融向绿色金融转变的若干思考》,《生态经济》2004 年第 11 期。

[23]中日污染减排与协同效应研究示范项目联合研究组:《减排的协同效应评价及案例研究》,中国环境科学出版社 2012 年版。

[24]Bordo M., Dittmar R. D., Gavin W. T., "Gold, Fiat Money, and

Price Stability", *NBER Working Paper*, No.10171.

[25] Chen C.H., Chen B.H., Wang B.Y., et al., "Low-carbon Energy Policy and Ambient Air Pollution in Shanghai, China: a Health-based Economic Assessment", *Science of the Total Environment*, Vol. 373, No. 1, 2007.

[26] Chen C.H., Wang B. J., FU Q. Y., et al., "Reductions in Emissions of Local Air Pollutants and Co-benefits of Chinese Energy Policy: a Shanghai Case Study", *Energy Policy*, Vol.34, No.6, 2006.

[27] Chao C.C., Chou W.L., Yu E.S.H., "Export Duty Rebates and Export Performance: Theory and China's Experience", *Comparative Economic*, Vol.29, 2001.

[28] IPCC, IPCC Special Report on Carbon Dioxide Capture and Storage, Cambridge University Press, 2005.

[29] Leiter A.M., Parolini A., Winner H., "Environmental Regulation and Investment: Evidence from European Industry Data", *Ecological Economics*, Vol.70, 2011.

[30] Ming C.C., Jin L.H., "Inconsistent Preferences in Environmental Protection Investment and the Central Government's Optimal Policy", *Applied Economics*, Vol.43, 2011.

[31] Murphy L. M., Edwards P. L., "Bridging the Valley of Death: Transitioning from Public to Private Sector Financing", *National Renewable Energy Laboratory*, 2003.

[32] Norberg B.V., "The Role of Government in Energy Technology Innovation: Insights for Government Policy in the Energy Sector", Cambridge of Belfer Center for Science and International Affairs, 2002.

[33] Thompson P., Cowton C.J., "Bringing the Environment into Bank Lending: Implications for Environmental Reporting", *The British*

Accounting Review, Vol.36, No.2, 2004.

[34] Weber O ., "Environmental Credit Risk Management in Banks and Financial Service Institutions", *Business and the Environment*, Vol.21, No.4, 2012.

生态金融大有可为

王　文*

根据美国几所著名研究机构联合推出的环境表现指数来看，中国已是世界上环境问题最严重的国家之一。在所排列的世界132个主要国家与地区，中国环境表现综合排名为116位，在空气质量上的排名更达128位。2013年第三季度重点城市空气报告，京津冀地区13个城市空气质量超标天数高达62.5%。此外，目前全国600多座城市中，有300多座城市缺水，其中严重缺水的有108个。对于如此恶劣的环境压力，尽管党的十八大提出了“生态文明”建设重任，但真正落实起来，却是困难重重。

国家环保部的公开数据显示，2011年用于环境污染治理的投资总额相比2010年下降了9.4%，仅占当年全国GDP的1.2%。而2010年的GDP增长率高达10.3%，政府财政收入的增长率更是高达21.3%。

制约环保资金投入的重要因素在于，由于中国区域发展水平不平衡，各地政府治理环境的投入能力受其经济发展水平的制约，加之中央与地方财政收入分配不均，各级政府作为环境治理的主体在财政分配上处于弱势。环境治理是长期工程，短期内很难看到经济效应，一些地方政

* 王文：中国人民大学重阳金融研究院执行院长、中国人民大学生态金融研究中心执行理事、中国金融学会绿色金融专业委员会秘书长。

府往往会以资金筹集与偿付能力为由,对环保资金投入不增反减。

由此看,拓展环境治理项目的融资渠道是急需解决的难题。行政改革与来自中央和地方政府的环保双层重视是关键,但另一方面,调动社会与企业的积极性与主动性,将社会资金吸纳到环境保护中去,也是一种可行的方案。

根据发达国家的环保经验,环保决不是只投入不产出的行业,更不是只亏不赚的产业。建立市场化的环保投资体制,吸纳私人资本进行环保投资,做大做强环境保护产业,本身就是一项既利国又利民、既发展又生态的事业。

尤其是当前新型城镇化的建设大潮中,要真正治理好环境,更不能只靠行政手段,而是要多利用金融杠杆的资源配置作用,充分调动市场能力,发挥社会力量。可见,生态金融业大有可为。针对目前生态建设资金瓶颈的难题,中国能够以创新方式寻求一种生态金融模式。

从政策角度看,可让央行牵头,参照铁路发展基金的模式,发行生态建设债券与生态基金,建立民间的环保生态银行,以互联网金融的模式探索生态领域的众筹、私募等模式,解决目前所面临的资金瓶颈难题,从顶层设计的高度构筑生态建设的金融改革方案与制度框架。

从国际角度看,可引入发达国家更多的成功经验,比如,清洁发展机制 CDM 项目、世界银行国际金融公司的节能减排项目、德国法兰克福等的环保银行。中国也可以尝试推行诸如全球中国生态基金等,吸引更多的国外有识之士与产业为中国环保做贡献。

从民间角度看,可大力发展民间公益生态金融业,鼓励企业家捐资,创新生态金融服务,立足于保证生态金融市场的稳定健康发展,建立多元可持续的资金保障机制,为新型城镇化的生态建设资金流动创造良好的市场环境。

我曾在《十问中国梦:给梦想多一点时间》一书中写过,拖累中国梦的,不只是政治、经济等诸多问题,还有雾霾、水质等生态难题。中国梦的基石，不只是财富与收入，还应是生活环境的完善与优化。

本届政府非常重视环境保护问题，令人肃敬；除此之外，我认为，还要以金融家的睿智与巧劲，将政府、企业、民众的积极性彻底激发出来，合力打赢一场艰巨的“环境保卫战”。

从这个角度看，中国人民大学生态金融研究中心的成立恰逢其时。该中心是中国首个生态金融智库项目，由中国人民大学重阳金融研究院运营管理。中心主要围绕生态金融产业等课题展开研究，探索如何促进金融体系与绿色、可持续经济的融合；探讨如何制定生态文明建设目标的金融政策和法规。笔者记得，中心成立前，“生态金融”一词在百度上搜索仅有1条记录，成立后的半年，竟一下子跃升至上百万条。

所以，在这篇后记里，我首先要感谢两位前辈的信任与托付：中国人民大学校长陈雨露教授的高瞻远瞩，考虑推进生态金融研究，以及东方园林董事长何巧女慷慨捐资，设立生态金融智库。两位是中国人民大学生态金融研究中心诞生以及快速发展最重要的推动者。

2014年6月6日，北京巧女公益基金会向中国人民大学捐赠2500万人民币、考虑设立生态金融智库项目的仪式上，雨露校长就曾说过一段至今耐人寻味的话：“这是国内首个将生态与金融相结合的智库项目。设立生态智库项目，既能发挥金融的资源配置作用，高效地提升大众对环保的认知，还将构建高层次、高水准的思想交流平台，为决策者提供更高质量的政策咨询建议”，“东方园林依托一流高校，挂靠优秀智库，借助社会力量，整合国际资源，影响政策决策；设立生态金融智库项目，必将开辟生态金融研究的新篇章，开设生态保护与传播的新平台，开启社会舆论的新共识，进而开创生态文明建设的新历史”。

2014年7月10日，我受邀参加了贵阳生态文明国际论坛，在当时的一场绿色金融专题讨论上认识了一批志同道合的好朋友。他们是中国人民银行研究局首席经济学家马骏、中国社会科学院金融研究所副研究员安国俊、联合国环境署可持续金融项目联席主任 Simon Zadek……这是后来绿色金融工作小组思想萌芽的起源。

2014 年 8 月 10 日，这批好朋友在马骏、Simon 的召集下，邀请了中国人民银行副行长潘功胜任顾问，还请了银监会、财政部、兴业银行以及保险、证券、法律方面的一些专家参加，正式成立了绿色金融工作小组，开设绿色银行、绿色债券、绿色保险、绿色 IPO、绿色评级、绿色指数、银行的环境法律责任、绿色披露、绿色数据库、绿色投资者网络等 15 个专题，并将专题研究的任务分给了与会者。

此后，绿色金融工作小组又召开数轮工作会议，渐渐地，小组与筹建期的生态金融研究中心的合作越来越紧密了。

2014 年 11 月 25 日，以绿色金融工作小组的专家为重头参会嘉宾，2014 年生态金融讨论会揭幕式暨中国人民大学生态金融研究中心成立仪式在中国人民大学举行，陈雨露校长、德国前总统霍斯特·克勒、央行副行长潘功胜、前罗马俱乐部秘书长马丁·李斯、何巧女董事长分别到场致辞并揭幕，正式标志着中国首家生态金融智库、中国人民大学生态金融研究中心的诞生。

那场会议的与会论文经过半年的编辑与运作，终于成为目前这本《生态金融的发展与未来》的文集类专著，第一次在中国阐述生态金融的意义。所以，除了感谢人民出版社的垂青，在此我还要特别感谢马骏、Simon、安国俊、黄剑辉等绿色金融工作小组的诸位好朋友。大家心怀家国理想，心系社会发展，是共同的志向、纯粹的抱负让我们走在一起，并让这份事业越做越大。

2015 年年初，中国人民大学生态金融研究中心承接了国合会委托的、中国官方首个绿色金融研究项目，在项目启动仪式上，潘功胜副行长透露“绿色金融”将写入中央“十三五”规划中的一句话，引起了数百家媒体的报道与转载。“生态”与“金融”如此快地进入了决策文本，可谓是应了天时、地利、人和之风。

2015 年 4 月 22 日，中国金融学会绿色金融专业委员会在北京正式成立，绿色金融工作小组正式成为官方认可的组织。马骏博士当选为主任，也是实至名归，而《构建中国绿色金融体系》一书的出版，也与本书的出版并行不悖、相互策应，共同将生态与金融的大事业推向一个新高潮。

记得最早考虑中国人民大学生态金融研究中心的英文翻译时，一度有人建议，是否用“green finance”这个国际认同度更高的词来形容“生态金融”。经过慎重考虑，我们还是选用了“eco-finance”这个更生僻的词来表示。因为生态金融其实就是绿色金融，而生态金融又与十八大报告中提出的“生态文明”相对应，更代表着中国特色的语境。

事实上，从行政架构上，两者已不分彼此。根据中国金融学会绿色金融专业委员会章程，秘书处设在中国人民大学重阳金融研究院，由生态金融研究中心具体执行，这本身就是两者合二为一的象征。

当然，对于在人大重阳与生态金融研究中心工作的同事而言，这种合二为一更代表着一份沉甸甸的责任。生态金融是一项大事业，是一项大有可为的事业，也是一项任重道远的事业。大事业尚未成功，同志仍须努力。

2015 年 4 月 29 日

于文化大厦

责任编辑:孟　雪　孙　逸
封面设计:吴燕妮
责任校对:吕　飞

图书在版编目(CIP)数据

生态金融的发展与未来/陈雨露 主编. -北京:人民出版社,2015.6
ISBN 978-7-01-014901-1

Ⅰ.①生…　Ⅱ.①陈…　Ⅲ.①金融体系-研究-中国　Ⅳ.①F832.1

中国版本图书馆 CIP 数据核字(2015)第 113317 号

生态金融的发展与未来

SHENGTAI JINRONG DE FAZHAN YU WEILAI

陈雨露　主编

人民出版社 出版发行
(100706　北京市东城区隆福寺街 99 号)

北京龙之冉印务有限公司印刷　新华书店经销

2015 年 6 月第 1 版　2015 年 6 月北京第 1 次印刷
开本:710 毫米×1000 毫米 1/16　印张:14.75
字数:188 千字

ISBN 978-7-01-014901-1　定价:35.00 元

邮购地址 100706　北京市东城区隆福寺街 99 号
人民东方图书销售中心　电话 (010)65250042　65289539